Caroline Stürmer

FÜR JUNGS, DIE ANDERS SEIN WOLLEN

Caroline Stürmer

FÜR JUNGS, DIE ANDERS SEIN WOLLEN

50 AUSSERGEWÖHNLICHE MÄNNER, DIE DIE WELT VERÄNDERT HABEN

mvgverlag

Bibliografische Information der Deutschen Nationalbibliothek
Die Deutsche Nationalbibliothek verzeichnet diese Publikation in der Deutschen Nationalbibliografie.
Detaillierte bibliografische Daten sind im Internet über http://dnb.d-nb.de abrufbar.
Für Fragen und Anregungen:
info@mvg-verlag.de

1. Auflage 2018

Nymphenburger Straße 86
D-80636 München
Tel.: 089 651285-0
Fax: 089 652096

Redaktion: Claudia Lück (Lück Redaktion)
Umschlaggestaltung: Manuela Amode
Umschlagabbildung: © shutterstock/majivecka, Miloje, ProStockStudio
Illustration & Satz: Mayumi Bockhold
Hintergründe: Shutterstock (Seite 7, 9, 17, 27, 37, 41, 45, 57, 61, 65, 83, 93, 101)
Druck: Firmengruppe APPL, aprinta Druck, Wemding
Printed in Germany

ISBN Print 978-3-86882-967-9
ISBN E-Book (PDF) 978-3-96121-274-3
ISBN E-Book (EPUB, Mobi) 978-3-96121-275-0

Weitere Informationen zum Verlag finden Sie unter
www.mvg-verlag.de

Beachten Sie auch unsere weiteren Verlage unter www.m-vg.de

FÜR ALLE JUNGS, DIE GROSSES VORHABEN.

INHALT

INHALT

Liebe Jungs,

dieses Buch erzählt die wahren Lebensgeschichten von 50 Männern, die alle auf ihre Weise besonders sind. Manche waren in der Schule schon erfolgreich, an anderen sind Eltern und Lehrer schier verzweifelt. Eines ist ihnen gemeinsam: Sie haben sich getraut, an ihre Ziele zu glauben und diese zu verfolgen. So unterschiedlich ihre Wege sind, alle haben gelernt, auch gegen Widerstände an dem eigenen Traum festzuhalten und Niederlagen zu überwinden. Sie sind nicht perfekt, das ist niemand. Aber ihre Geschichten geben uns vielleicht den Mut, unseren eigenen Weg zu gehen. Auch wenn es manchmal schwer ist.

Viel Spaß beim Lesen!

MARTIN LUTHER KING

DIE BERÜHMTESTE REDE DER WELT

»Ich habe einen Traum ...«, so fängt die Rede von Martin Luther King an, die er vor über 50 Jahren in der Hauptstadt der USA hält. Martin erzählt darin, wie sehr er sich wünscht, dass schwarze und weiße Menschen gleich behandelt werden, und dass man Menschen nach ihrem Charakter und nicht nach ihrer Hautfarbe beurteilt. Dazu muss man wissen, dass zu seiner Zeit dunkelhäutigen Menschen in Amerika nicht alles erlaubt ist, was hellhäutige dürfen. Man nennt das Rassentrennung.

Als Martin ein Kind ist, lässt man Menschen unterschiedlicher Hautfarbe nicht auf die gleiche Schule gehen, nicht im selben Restaurant essen, und sie dürfen einander auch nicht heiraten. Wenn Weiße einen vollen Bus besteigen, müssen die Schwarzen aufstehen und ihnen Platz machen. Wer wie Martin als Farbiger für seine Rechte kämpft, muss sehr mutig sein, denn die meisten Weißen sind dagegen. Sie denken, dass Dunkelhäutige weniger wert sind. Wenn ein Schwarzer sich darüber beschwert, wird er oft beschimpft und manchmal sogar geschlagen.

Martin wächst in einer sehr gläubigen Familie auf, sein Vater ist evangelischer Pfarrer und setzt sich auch gegen die Rassentrennung ein. Nach der Schule studiert Martin und wird selbst Pfarrer. Und er kämpft für die Gleichbehandlung von Schwarzen und Weißen. Am 28. August 1963 hält er beim »Marsch auf Washington« vor mehr als 250.000 Menschen seine berühmte Rede, die auch viele Weiße begeistert. Sogar der amerikanische Präsident John F. Kennedy ist auf Martins Seite.

Ein knappes Jahr später können sich Martin und seine Mitkämpfer freuen: Der »Civil Rights Act« tritt in Kraft, ein neues Gesetz zur Gleichstellung von Afroamerikanern in den Vereinigten Staaten. Martin Luther King bekommt ganz viele Auszeichnungen und wird richtig berühmt. Einige Weiße ärgert das jedoch. Am 4. April 1968 erschießt ein hasserfüllter Mann Martin auf einem Balkon in Memphis. Viele schwarze Menschen sind darüber so wütend, dass sie durch die Straßen laufen, Häuser in Brand setzen und sich mit anderen prügeln. Aber Martins Rede ist berühmt geworden, genauso wie er, und es hat sich bis heute vieles zum Guten verändert für die Afroamerikaner. Noch immer setzen sich Menschen für mehr Gleichberechtigung ein. Martin hat ihnen gezeigt, dass man damit Erfolg haben kann.

15. JANUAR 1929 IN ATLANTA, USA - 4. APRIL 1968 IN MEMPHIS, USA

I HAVE A

HEINRICH HEINE

FÜR FREIHEIT UND GERECHTIGKEIT

In Deutschland darf man nicht ausgegrenzt werden wegen seiner Religion, Herkunft, sexuellen Orientierung oder politischen Überzeugung. Es passiert trotzdem, aber man kann sich dagegen wehren. Als Heinrich Heine vor ungefähr 200 Jahren seine Texte schreibt, gibt es diese Möglichkeit nicht. Er ist einer der bedeutendsten Schriftsteller des 19. Jahrhunderts, aber seine Ansichten und seine jüdische Herkunft machen ihn zum Außenseiter. Heinrich liebt Deutschland. Aber er er prangert auch Missstände an.

Geboren wird Heinrich als Harry in Düsseldorf. Seine jüdischen Eltern schicken ihn zunächst auf eine jüdische Schule, dann auf ein Gymnasium. Harry macht keinen Abschluss, sondern wird Auszubildender bei einer Bank. Aber Harry ist nicht besonders gut als Kaufmann, er schreibt nebenbei lieber hübsche Gedichte, die in einer Zeitschrift abgedruckt werden. Sein reicher Hamburger Onkel ermöglicht ihm schließlich ein Studium, und es folgt eine turbulente Studentenzeit in verschiedenen Städten.

Harry ist überhaupt nicht gläubig, im Gegenteil: Er hat eine sehr kritische Einstellung zur Religion. Weil er aber meint, es als Christ einfacher zu haben – ein Trugschluss, wie sich zeigen wird – lässt er sich protestantisch taufen und nennt sich fortan Christian Johann Heinrich Heine. Seine Gedichte und Lieder werden sehr berühmt, vor allem weil er dem romantischen Ton immer eine Portion Ironie hinzufügt. Er schreibt zärtlich und böse, liebevoll und gemein – die Sprache ist für ihn ein Werkzeug, mit dem er so virtuos umgeht wie Musiker mit ihrem Instrument. Hinzu kommen literarische Berichte seiner Reisen, und ab 1832 schreibt Heinrich aus Paris für eine deutsche Zeitung. Seine Artikel begeistern die Leser und empören die führenden Politiker, die seine Werke in Deutschland schließlich verbieten lassen.

Heinrich bleibt in Paris. Er arbeitet viel und heiratet seine geliebte »Mathilde«. Die Franzosen behandeln ihn gut, und seine Texte sind erfolgreich, aber er vermisst Deutschland, das er nur heimlich besuchen kann. Sein langes Gedicht »Deutschland. Ein Wintermärchen« beendet er 1844 – es ist eine Art Abrechnung mit Deutschland, und zählt mittlerweile zu den bekanntesten deutschen Gedichten überhaupt. Eine schwere Krankheit fesselt Heinrich ans Bett. Die letzten Jahre seines Lebens verbringt er gelähmt und zurückgezogen in seiner Pariser Wohnung.

13. DEZEMBER 1797 IN DÜSSELDORF – 17 FEBRUAR 1856 IN PARIS, FRANKREICH

JÉRÔME BOATENG

FUSSBALLER MIT GROSSEM HERZ

Will Jérôme wissen, was er wert ist, schaut er auf transfermarkt.de nach: 45 Millionen Euro. Fußballer werden verkauft, ihren Marktwert bestimmen Länderspiele, Tore, Titel. Jérôme zählt zu den besten in Deutschland. Mit dem FC Bayern gewinnt er 2013 die Deutsche Meisterschaft, den DFB-Pokal und die Champions League. Mit der Nationalmannschaft wird er 2014 Weltmeister. Viel mehr kann ein Fußballer nicht erreichen.

Wenn der Innenverteidiger seine 1,92 Meter in Bewegung setzt, um die Bälle des Gegners abzuwehren und den Konter einzuleiten, beruhigt sich die Stimme des Sport-Kommentators – denn dass Boa einen Ball durchlässt, ist unwahrscheinlich.
Jérôme Boateng wächst in Berlin bei seiner Mutter Nina auf. Sein Vater, Prince Boateng, verlässt Nina, Jérôme und dessen jüngere Schwester Avelina, als Jérôme fünf ist. Allerdings kümmert er sich nach wie vor um die Familie und hält engen Kontakt mit ihr. Jérôme hat zwei ältere Halbbrüder, die ebenfalls Fußballer werden. Sie wohnen bei deren Mutter, auch in Berlin, allerdings in einem anderen Viertel, in dem das Leben härter ist. Die Brüder sehen sich oft und spielen Fußball miteinander. Jérôme ist begabt – aber er bleibt ein freundlicher und bescheidener Junge. Nur kurz steigt ihm der Erfolg zu Kopf. Seine Mutter erzählt in einem Interview mit der Zeitschrift 11 Freunde: »Nach seinem ersten Titelgewinn, der B-Juniorenmeisterschaft 2005, beichtete er, dass er unerfahrene Mitspieler unfair behandelt hatte. Er legte diese Arroganz aber schnell wieder ab.«
Heute unterstützt Jérôme Jugendprojekte und Initiativen gegen Rassismus, auch dafür erhält er Auszeichnungen.
Fußballer sind zwar reich und berühmt, aber sie verlangen ihrem Körper Einiges ab. Fällt Jérôme als junger Spieler nur selten verletzungsbedingt aus, so hat er seit 2016 häufig mit Muskelproblemen zu kämpfen. Er verpasst Spiele mit dem FC Bayern und auch einige mit der Nationalmannschaft. Die langen Phasen in der Reha, also dem Wiederaufbau des Trainings, sind eine finstere Zeit für ihn. Er wird zu früh eingesetzt, reißt sich im Mai 2017 einen Muskel im Oberschenkel – und muss wieder pausieren. Was ihm hilft, ist der Glaube, so Jérôme. Gespräche mit Gott sind eine Kraftquelle für ihn, er betet regelmäßig. Außerdem unterstützt ihn seine Familie, zu der auch seine Freundin Sherin und seine beiden Kinder gehören.

3. SEPTEMBER 1988 IN BERLIN

adidas
FC BAYERN MÜNCHEN

CHARLIE CHAPLIN

HELD DER STUMMFILME

Dass Charlie Schauspieler wird, und dazu noch ein so berühmter, das hätte in seiner Kindheit wahrscheinlich niemand für möglich gehalten. Sein Vater stirbt früh, und Charlie wächst mit seinem Bruder bei seiner armen Mutter in London auf. Die meiste Zeit verbringen die Kinder jedoch ganz allein oder in Waisenhäusern. Die Mutter ist oft krank, und niemand sonst kann sich um sie kümmern.

Charlie hat das Talent seiner Eltern geerbt, die Schauspieler sind. Singen, Tanzen und Spielen scheint ihm im Blut zu liegen, schon als Kind steht er auf der Bühne. Dann hat er das große Glück, einen Menschen kennenzulernen, der ihm den Vater ersetzt, ihm hilft und ihn fördert: Der Theatermacher Fred Karno macht aus ihm einen richtig tollen Schauspieler. Als junger Mann reist Charlie mit dessen Theater-Truppe durch England, Frankreich und sogar bis in die Vereinigten Staaten. Seine Rollen in den lustigen Pantomime-Stücken spielt er so gut, dass das Publikum begeistert ist. Das ist übrigens vor ungefähr 100 Jahren. Fernsehen gibt es noch nicht, aber es werden Filme gedreht – am Anfang noch in schwarzweiß und ohne Ton – und schöne große Kinos gebaut.

In den USA beginnt Charlies große Zeit. Er bleibt dort und wird Filmschauspieler, reich und berühmt. Witzig ist, dass seine Lieblingsrolle aber ein sehr armer, lustiger Mann ist: Der »Tramp« trägt einen zerlumpten Anzug, riesige ausgelatschte Schuhe, einen schwarzen Hut auf dem Kopf und einen großen Schnurrbart. Er watschelt mehr als dass er geht, und in dem Film »Hundeleben« ist der Scraps, ein Jack-Russell-Mischling, sein einziger Freund. Charlie dreht ungefähr 350 Filme, die bekanntesten sind »Goldrausch, »Lichter der Großstadt« und »Der große Diktator«, in dem er sich über Adolf Hitler, den grausamen deutschen Diktator lustig macht.

Die Mädchen finden Charlie toll – und er die Mädchen. Er heiratet viermal, nur von seiner letzten Frau Oona trennt er sich nicht mehr. Sie ist erst 18, als sie ihn heiratet, er schon 54 Jahre alt. Die beiden bekommen acht Kinder und ziehen 1953 in die Schweiz. Charlie Chaplin hat viele Menschen mit seinen Filmen zum Lachen gebracht. Je älter er wird, desto wichtiger sind ihm Frieden und Verständigung. Sein berühmtester Satz lautet: »Jeder Tag, an dem du nicht lächelst, ist ein verlorener Tag.«

16. APRIL 1889 IN LONDON, ENGLAND - 25. DEZEMBER 1977 IN VEVEY, SCHWEIZ

ALBERT EINSTEIN

EIN ECHTES GENIE

»Bin ich Einstein?!« Wenn jemand das sagt, meint er: Das KANN man doch nicht wissen! Albert ist ein echtes Genie. Sein Fach ist die Theoretische Physik, in der man Dinge, die sich in der unbelebten Natur als Gesetzmäßigkeiten beobachten lassen, in mathematische Strukturen übersetzt.

In seiner Relativitätstheorie, in der es um das Verhältnis von Raum, Zeit, Masse und Geschwindigkeit geht, beweist Albert,dass Zeit langsamer vergehen kann, wenn sich etwas mit Lichtgeschwindigkeit bewegt. Es gibt noch keine Raumschiffe, die so schnell fliegen können, aber wenn doch, würdest du dort langsamer altern als deine Freunde auf der Erde. Hört sich an, als hätte Albert schon in der Grundschule mathematische Formeln erfunden. Er ist ein sehr guter Schüler in einigen Fächern, aber manche Lehrer finden ihn ziemlich frech. Vor allem am Gymnasium in München, wo die Familie nach Alberts Geburt hingezogen ist, bekommt er richtig Ärger. Albert verlässt die Schule zunächst ohne Abschluss, holt aber später alles nach und studiert.1900 hat er ein Diplom als Fachlehrer für Mathe und Physik.

Albert wird Experte beim Schweizer Patentamt in Bern, forscht aber bereits in den Bereichen, die ihn interessieren. 1905 wird ein tolles Jahr für ihn. Er geht an die Züricher Uni und schreibt dort seine Doktorarbeit, außerdem reicht er verschiedene Abhandlungen ein, eine enthält die berühmte Formel $E = mc^2$, eine andere ist die zur Relativitätstheorie. Einstein ist ein anerkannter Forscher und macht Karriere. Die führt ihn an die Preußische Akademie der Wissenschaften in Berlin. Er gewinnt 1921 den Nobelpreis, aber das Preisgeld überlässt er seiner früheren Ehefrau Mileva und seinen getrennt von ihm lebenden Söhnen. Albert ist inzwischen mit seiner Cousine Elsa verheiratet.

Trotz der weltweiten Anerkennung wird das Leben in Deutschland für Albert zunehmend schwieriger. Er ist Jude. Als die Nationalsozialisten an die Macht kommen, werden die Juden unterdrückt, verfolgt und umgebracht. Da er bereits einige Monate des Jahres an der Princeton University in New Jersey (USA) als Professor lehrt, entschließt er sich 1935, Deutschland zu verlassen. Mit seinem Heimatland will er nichts mehr zu tun haben. Nach seinem Tod entnehmen ihm die Ärzte Organe, um sie aufzubewahren. Der größte Teil von Alberts Gehirn befindet sich in Chicago, seine Augen liegen immer noch in einem Tresorfach in New York.

14. MÄRZ 1879 IN ULM - 18. APRIL 1955 IN PRINCETON, USA

$E=mc^2$

BARACK OBAMA

ERSTER AFROAMERIKANISCHER PRÄSIDENT DER USA

Der Lebenslauf von Barack Hussein Obama beginnt holprig. Umso mehr entspricht er dem »American Dream«, dem amerikanischen Traum von der Möglichkeit, alles zu erreichen, wenn man daran glaubt und hart dafür arbeitet. Sogar Präsident der Vereinigten Staaten zu werden.

Baracks Eltern lernen sich in Hawaii als Studenten kennen, seine Mutter ist eine weiße Amerikanerin, sein Vater kommt aus Kenia. In vielen Teilen der USA ist die Ehe zwischen Weißen und Schwarzen zu der Zeit noch verboten. Die Eltern heiraten, trennen sich aber bald wieder. Barack bleibt bei seiner Mutter, die ihn später mit nach Indonesien nimmt. Er kehrt als Jugendlicher allein zurück nach Hawaii und lebt dort bei den Großeltern. In der Schule ist er sehr gut, vor allem im Sport.
Als Student in Chicago lernt Barack Michelle kennen, die er später heiratet. Die beiden bekommen zwei Töchter: Malia und Natasha.
1992 ist das Jahr, in dem Barack in die Politik geht, er schließt sich der Demokratischen Partei an. In den USA gibt es zwei große Parteien: die Demokraten und die Republikaner. Baracks Partei steht für das moderne, tolerante und soziale Amerika, die Republikanische Partei eher für Traditionen, Vaterlandsliebe und wenige Regeln.Was Barack, der mittlerweile als Anwalt arbeitet, sehr am Herzen liegt, ist die Einheit seines Landes. Er will nicht, dass es arm oder reich, schwarz oder weiß, demokratisch oder republikanisch ist, sondern dass es für alle die Vereinigten Staaten von Amerika sind. Seine Reden bewegen zahlreiche Menschen, sie setzen Hoffnung in den klugen, jungen, freundlichen Mann.
Das Motto seiner Präsidentschafts-Kandidatur 2008 ist der »Change«, der Wandel. Und sein Wahlspruch »Yes we can« wird berühmt. Als Barack die Wahl gewinnt, löst das eine weltweite Begeisterungswelle aus. Auch die meisten Deutschen finden ihn toll. Ein Jahr später bekommt er sogar den Friedensnobelpreis. Aber Barack hat es als Präsident nicht leicht. Den USA geht es wirtschaftlich nicht so gut, die Menschen sind skeptisch und trauen sich nicht, den Versprechungen Obamas zu glauben. Vielen gehen seine Änderungsvorschläge zu weit. Seine politischen Gegner und auch eine Menge Amerikaner wollen lieber, dass alles so bleibt wie immer. Sein jugendliches Aussehen, sein federnder Gang, seine Stimme – er kann toll singen – und seine nette Familie machen Barack zu einer Art Popstar. Er hat immer noch viele Fans auf der ganzen Welt.

4. AUGUST 1961 IN HONOLULU, HAWAII, USA

YES
WE
CAN

DIRK NOWITZKI

DEUTSCHLANDS BASKETBALL-MEGASTAR

Seine Begabung ist ihm in die Wiege gelegt worden, wie man so sagt: Dirks Mutter ist eine erfolgreiche Basketballspielerin, sein Vater Handballer. Klar, dass Dirk mit dem Ball aufwächst. Mit 13 Jahren kommt er zum Basketball. Er spielt in der Schulmannschaft, wo ihn der ehemalige Basketball-Nationalspieler Holger Geschwindner entdeckt. Holger wird sein Coach – und bleibt es viele Jahre lang, bis heute.

Eine richtig krasse Aktion, die Dirk und Holger starten, ist der heimliche Aufbruch in Richtung USA. Dirk ist erst 19, nur seine Mutter weiß Bescheid. Er spielt eigentlich für den DJK Würzburg und wird von seiner Mannschaft für ein wichtiges Spiel gebraucht, aber Holger überredet ihn, am nächsten Tag nach Texas zu fliegen. Dort finden im Rahmen der College-Meisterschaften Sichtungen statt, bei denen sich die Experten der Profi-Liga NBA die Nachwuchstalente anschauen. Holger weiß, dass das die Chance für Dirk ist, die allerwichtigsten Menschen im Basketball auf sich aufmerksam zu machen.

Und Dirk hinterlässt Eindruck. Der 2,13 Meter große Spieler – ein »7-Footer«, wie die Amerikaner sagen – ist treffsicher, vielseitig und so wendig, schnell und gelenkig wie sonst nur kleinere Spieler. Er beherrscht den Sprungwurf aus diversen Distanzen und mit einer ganz speziellen Technik. Man sagt, dass er mindestens 40 Prozent seiner Dreipunktwürfe – für hinter einer Linie abgeworfene Bälle bekommt man drei Punkte für einen Treffer – und mehr als 90 Prozent seiner Freiwürfe erfolgreich abschließt.

Dirk Nowitzki geht 1998 zu den Dallas Mavericks, für die er immer noch spielt. Bei dem amerikanischen Profi-Verein wird er zum Megastar. Er erreicht Spitzenwerte, wird bester Werfer, wertvollster Spieler und erzielt eine Menge Siege mit seiner Mannschaft. Sein größter Erfolg ist der Gewinn der Meisterschaft 2011, als erster Deutscher erhält er am 12. Juni 2011 den NBA-Titel und die Auszeichnung des Finals MVP für den besten Spieler der Finalserie.

2012 heiratet Dirk seine Freundin Jessica Olsson, mit der er drei Kinder bekommt. Er ist einer der bestbezahlten deutschen Sportler und setzt seine Bekanntheit und sein Geld auch dafür ein, dass es Menschen mit Problemen besser geht. Er kümmert sich um Einrichtungen in sozialen Brennpunkten oder Projekte, die den Sport fördern.

19. JUNI 1978 IN WÜRZBURG

DALLAS
41
SPALDING

STEPHEN HAWKING

HERR DER SCHWARZEN LÖCHER IM UNIVERSUM

Wenn Stephen Hawking »Willkommen in meiner Welt« sagt, dann meint er damit das unendliche Universum, aber auch sein eigenes Ich in einem fast völlig unbeweglichen Körper, aus dem heraus er mithilfe von viel Technik mit der übrigen Welt kommuniziert. Die Menschen bewundern den Wissenschaftler Stephen, aber es berührt sie der Mensch, der sich von seiner Krankheit und ihren Folgen nicht davon abhalten lässt, seine Erkenntnisse und seine Begeisterung mit allen zu teilen.

Stephen wächst als ältestes Kind mit zwei Schwestern im Norden von London auf, seine Eltern sind beide Wissenschaftler. Als er in der Schule an einer Aufnahmeprüfung für die berühmte Universität Oxford teilnimmt, glänzt er mit tollen Leistungen. Er studiert in Oxford, dann in Cambridge, parallel macht er mit aufsehenerregenden Ergebnissen die wissenschaftliche Welt auf sich aufmerksam. Singularitäten-Theoreme, Quantenmechanische Interpretation der Schwarzen Löcher, Hawking-Strahlung – Stephens Forschung bringt bahnbrechende Erkenntnisse für die Physik.

Schon im Studium erhält Stephen jedoch eine niederschmetternde Diagnose: Er ist unheilbar an ALS erkrankt. Die Amyotrophe Lateralsklerose zerstört das Nervensystem und führt normalerweise in zwei bis drei Jahren zum Tod. Aber Stephen entscheidet mit Unterstützung seiner Freundin und späteren Frau Jane, dass er weiter lernen und forschen will. Seine Lähmungserscheinungen fesseln ihn an den Rollstuhl, doch er lebt weiter, arbeitet und bekommt mit Jane drei Kinder. Schlimm wird es 1985, als er am Forschungszentrum CERN in der Schweiz wegen einer Lungenentzündung Atemnot bekommt und ein Luftröhrenschnitt gemacht werden muss. Der rettet ihm das Leben – nimmt ihm aber für immer die Stimme. Von jetzt an benutzt er einen Sprachcomputer. 1988 veröffentlicht Stephen das Buch »Eine kurze Geschichte der Zeit«, in dem er seine Erkenntnisse so erklärt, dass es auch Menschen verstehen, die nicht Physik studiert haben. Es wird ein Bestseller und Stephen so eine Art Popstar der Wissenschaft. Dass er auch über Zeitreisen redet oder sich vorstellt, wie wir Außerirdischen begegnen, macht seine Vorträge noch interessanter. Er hat Auftritte in Filmen und Serien wie »Raumschiff Enterprise«, »Die Simpsons« oder »The Big Bang Theory«.

8. JANUAR 1942 IN OXFORD, ENGLAND – 14. MÄRZ 2018 IN CAMBRIDGE, ENGLAND

SPACE
SPACE

CHE GUEVARA

DIE REVOLUTION IST SEIN LEBEN

Ein Foto aus dem Jahr 1960 zeigt Ernesto Rafael Guevara de la Serna, genannt Che Guevara, als gut aussehenden jungen Mann mit festem Blick und einer schwarzen Mütze, auf der ein Stern prangt. Der Fotograf nennt das Bild »Heldenhafter Freiheitskämpfer«. Der irische Künstler Jim Fitzpatrick malt das Schwarzweiß-Foto bunt an und verpasst ihm einen knallroten Hintergrund. Dieses Motiv kann man noch heute auf Postern, Tassen, T-Shirts und Hunderten anderer Sachen kaufen. Cool. Aber wer ist Che?

Che wächst in einer wohlhabenden Familie in Argentinien auf. Er ist klug, sportlich und gebildet, aber er leidet unter Asthma, einer lang andauernden Erkrankung der Lunge. Später studiert er Medizin. Er ist viel unterwegs, auf seinen Reisen in andere südamerikanische Länder fällt ihm auf, wie ungerecht die Welt ist. Menschen werden unterdrückt oder sterben an Unterversorgung, andere bekommen alles, was sie wollen. Die Idee des Kommunismus begeistert Che, also die Vorstellung, dass dem Volk die Macht und auch alles andere gehört, und nicht einzelnen Personen. Er nimmt sich vor, die Welt zu verändern.

In Mexiko lernt er den Kubaner Fidel Castro kennen, der dort Leute militärisch ausbilden lässt, um gegen die Regierung in seinem Land zu kämpfen. Die Karibikinsel Kuba wird von einem Diktator geführt, der viele Rechte und Gesetze einfach abgeschafft hat. Tausende Menschen, die ihm nicht passen, werden von seinem Geheimdienst entführt und oftmals auch ermordet.

Che wird Comandante – Anführer – der Rebellen während der Revolution in Kuba. Es gelingt ihnen, den Militärdiktator zu stürzen, Fidel an seine Stelle zu setzen und das Land nach den kommunistischen Ideen zu verändern. Firmen und Unternehmen werden enteignet, alles gehört dem Volk, also dem Staat. Leider funktioniert das nicht so gut wie geplant, statt zufriedener werden die Menschen vor allem ärmer. Einige Jahre bleibt Che in der Politik, dann legt er seine Ämter nieder und kämpft in anderen Ländern um Gerechtigkeit. Schließlich wird er bei einem Gefecht in Bolivien festgenommen und kurz darauf ohne Anklage oder Urteil hingerichtet. Viele Menschen auf der Welt bewundern Che für seine radikale Haltung, andere verachten ihn als blutrünstigen Fanatiker, der nur Terroristen ein Vorbild sein kann.

14. JUNI 1928 IN ROSARIO, ARGENTINIEN – 9. OKTOBER 1967 IN LA HIGUERA, BOLIVIEN

REVOLUCION

ALEXANDER VON HUMBOLDT

NATURFORSCHER, ABENTEURER, WELTERKLÄRER

Alexander von Humboldt ist der berühmteste Naturforscher aller Zeiten. Er arbeitet nicht nur im Labor oder im Büro, er reist Zigtausende Kilometer durch die Welt, besteigt Berge, durchkreuzt Urwälder und setzt sich extremsten Gefahren aus. Dabei muss man wissen, dass das Forschen vor 250 Jahren ganz schön schwierig ist. Zum Beispiel kann man die Dinge, die man findet, nicht einfach fotografieren. Man muss sie malen.

Schon als kleiner Junge sammelt Alexander Steine, Insekten und Pflanzen und zeichnet sie ab. Er und auch sein Bruder Wilhelm müssen bei ihrem Privatlehrer viel lernen. Sie haben die normalen Schulfächer und zusätzlich noch weitere Fächer, die man eigentlich an Universitäten lernt. Natürlich studiert er später auch, so schlau wie er ist, und er wird selbst Professor. Aber Alexanders Traum ist nicht der Hörsaal, er will in ferne Länder. Als seine Mutter stirbt, erbt er genügend Geld für eine Forschungsreise. Die Humboldts sind eine reiche Familie und Alexander verdient gut, aber im Laufe seines Lebens braucht er sein ganzes Vermögen für seinen Beruf auf. Geld interessiert ihn nur, wenn er es für seine Forschung ausgeben kann. Fünf Jahre ist er unterwegs, über Spanien und die Kanarischen Inseln fährt er mit seinen Begleitern und haufenweise sperrigen Messinstrumenten nach Venezuela in die Neue Welt, also Amerika. Sie besteigen Berge, übernachten in Höhlen, untersuchen Vulkankrater. Sie befahren wilde Flüsse mit einem ausgehöhlten Baumstamm, fangen Vögel und Affen, sammeln Steine und Pflanzen, müssen sich gegen Hitze, gefährliche Tiere und Unwetter schützen. 2800 Kilometer weit reist er auf diese Art.

Als er den 6.310 Meter hohen Berg Chimborazo in Ecuador besteigen will, schafft er es nicht bis ganz nach oben, hält aber trotzdem den Höhenrekord für Bergsteiger. Alexander leidet dabei unter der Höhenkrankheit, also Kopfschmerzen, Atemnot, Schwindel, Übelkeit und Husten. Daran hätte er sterben können. Nach seiner großen Reise lebt Alexander in Paris und Berlin, schreibt, lehrt und forscht weiter. Er ist sehr berühmt. 1829 unternimmt er noch eine Reise nach Russland. Er bekommt sehr viele Orden und Auszeichnungen. Denkmäler werden errichtet, Schulen, Universitäten und Schiffe nach ihm benannt, außerdem Fledermäuse, Affen, Orchideen, Schnecken, Berge, Gletschergraben und diverse Städte auf der ganzen Welt …

14. SEPTEMBER 1769 IN BERLIN – 6. MAI 1859 IN BERLIN

BILL GATES

MIT REICHTUM GEGEN ARMUT

Wenn von Bill Gates die Rede ist, geht es meistens um sein Geld. Man schätzt sein Vermögen auf 90 Milliarden Dollar, das entspricht den jährlichen Staatseinnahmen von Ländern wie Polen, Südafrika oder Irland! Außerdem hat er zusammen mit seiner Frau Melinda bereits viele Milliarden Dollar gespendet – für arme Menschen.

Wie ist Bill so reich geworden? Er hat das Unternehmen Microsoft gegründet, das für sein Betriebssystem Windows und die Büro-Software Office bekannt geworden ist, ohne die kaum ein PC läuft. Schon in der Grundschule ist Bill ein kleines Genie in Mathe und Naturwissenschaften. Computer sind zu dieser Zeit noch riesige Maschinen, die nur von Wissenschaftlern und Technikern benutzt werden. Aber in der 8. Klasse kann Bill mit einem Fernschreiber arbeiten, einem Gerät zur Datenübertragung – damals noch auf Papier – und findet es toll. Er schreibt sein erstes Programm. Später dürfen die Schüler auch an anderen Rechnern arbeiten, aber einige bauen aus Spaß Fehler in die Programmierungen ein. Das gibt Ärger – Bill bietet an, die Fehler zu finden und zu korrigieren und kann so beweisen, wie gut er ist. Schon mit 14 Jahren gründet er mit seinem Kumpel Paul Allen eine Firma und verdient mit ihr rund 20.000 Dollar.
Bill darf an der besten Universität der Welt in Harvard studieren, aber auch dort ist er meistens nicht im Hörsaal, sondern im Computerraum. In dieser Zeit kommen die ersten Heim-Computer auf den Markt. Zusammen mit Paul entwickelt Bill das erste Betriebssystem. Fürs Studium hat er nun keine Zeit mehr, dafür schließt er mit seiner Firma Microsoft einen Mega-Deal ab: Er verkauft dem damals wichtigsten Computerhersteller sein Betriebssystem. Jeder Personal Computer (PC) von IBM wird mit Bills und Pauls Software ausgestattet.
Bill heiratet 1994 Melinda und bekommt mit ihr drei Kinder. Er beginnt sein Geld in soziale Projekte zu stecken und interessiert sich für die großen Probleme der Menschheit. Schließlich steigt er aus dem Unternehmen aus und widmet sich seiner Hilfs-Stiftung. Er reist nach Afrika, zu den Ärmsten. Unterernährung und Krankheit sind nun seine Themen. Während er die erste Hälfte seines Lebens damit beschäftigt ist, reich zu werden und Geld zu verdienen, dreht sich in der zweiten Hälfte alles nur darum, es möglichst sinnvoll wieder auszugeben.

28. OKTOBER 1955 IN SEATTLE, USA

BORIS BECKER

DEUTSCHE TENNIS-LEGENDE

Boris ist ein Spieler, also ein Mensch, der gern etwas wagt und dabei nicht so schnell nervös wird. Und Boris ist ein Kämpfer, also ein Mensch, der auch dann noch dranbleibt, wenn die meisten anderen aufgeben. Spielen und kämpfen – das macht er auf dem Tennisplatz und im richtigen Leben.

Mit sieben Jahren beginnt Boris mit dem Tennisspiel, mit zehn wird er in den Jugendkader des Badischen Tennisverbands aufgenommen. Von da an wird Match um Match klar, was in ihm steckt. Auf einen Schlag berühmt wird er 1985, als er mit gerade mal 17 Jahren das älteste und berühmteste Tennisturnier der Welt in Wimbledon gewinnt. Sein Spitzname: Bum Bum Becker. Er ist bis heute der jüngste Sieger, und der erste deutsche. Boris ist unfassbar begabt. Er gewinnt im Laufe seiner Karriere 49 Einzelturniere und 15 Doppel. Dreimal wird er Wimbledon-Sieger, und er ist wochenlang die Nummer eins auf der Weltrangliste der besten Tennisspieler. Boris ist es auch zu verdanken, dass Tennis in Deutschland ein beliebter Sport für die Zuschauer wird. Die Menschen können von Boris nicht genug bekommen. Er wird ein Prominenter, der Auszeichnungen bekommt, überall eingeladen ist, Autogramme gibt, Hände schüttelt und eigentlich kein Privatleben mehr hat. Wie er sich anzieht, wen er trifft, was er isst, alles steht in der Zeitung und später im Internet. Daran muss Boris sich erst mal gewöhnen. Als er später seine schöne und elegante Frau Barbara kennenlernt, rasten die Boris-Fans fast aus. Das »Traumpaar« bekommt zwei Kinder und wird auf Schritt und Tritt von Fotografen verfolgt, aber die Ehe hält nur sieben Jahre; Boris ist kurz mit einer anderen Frau zusammen und bekommt mit ihr eine Tochter. Später lernt er Lilly kennen und bekommt mit ihr einen Sohn. Die beiden ziehen nach London. 1999 hört Boris mit dem Profi-Sport auf und wird Tennistrainer, Tennisexperte im Fernsehen, Werbefigur und Geschäftsmann. Er ist dabei sehr erfolgreich, 150 Millionen Euro besitzt er als reichster Sportler weltweit zwischenzeitlich, aber manche Sachen klappen nicht so gut. Boris kassiert mit seinem Maserati in London zum Beispiel Strafzettel im Wert von 10.000 Euro! Am Ende hat er hohe Schulden. Aber Boris versucht alles, um aus dem Tief wieder herauszukommen. Er arbeitet hart, und die Menschen mögen ihn. Er übernimmt auch viele Ehrenämter, zum Beispiel kümmert er sich um die Entwicklung des Sports in Zentralafrika.

22. NOVEMBER 1967 IN LEIMEN

Ford

CHRISTOPH KOLUMBUS

FURCHTLOSER SEEFAHRER UND ENTDECKER

Schon als Jugendlicher ist Christoph auf dem Meer unterwegs. Geboren wird er in der Hafenstadt Genua in Italien, aber mit Mitte Zwanzig zieht er nach Lissabon. Die Hauptstadt von Portugal ist in der »alten Welt«, also Europa, Verkehrsknotenpunkt, Forschungszentrum und Warenumschlagplatz in einem. Klar, für weite Reisen gibt es ja nur das Schiff. Von hier aus starten die großen Entdecker in die Welt.

Christoph Kolumbus entdeckt Amerika. Obwohl er das gar nicht will. 1492 landet er auf einer Insel, die er San Salvador nennt, und die zu den Bahamas gehört, die wiederum in Amerika liegen. Kolumbus denkt, er sei im Osten Indiens, also auf dem asiatischen Kontinent gelandet. Von Amerikas Existenz weiß er nichts, er hat diesen Kontinent sozusagen durch Zufall entdeckt. Er ist sich sicher: Wenn die Erde rund ist, dann kommt man sozusagen auch von der anderen Seite bis nach Indien. Die Wissenschaftler sind sich damals einig, dass die Erde eine Kugel sein muss, aber sie haben weder eine Ahnung von der Größe dieser Kugel, noch wissen sie, dass zwischen Asien und Europa auf der anderen Seite noch ein weiterer Kontinent, nämlich Amerika liegt.
Bevor der junge Christoph seine Reise starten kann, braucht er allerdings Unterstützer. Er bittet den König von Portugal, aber der ist nicht überzeugt von Kolumbus' Idee. Der wendet sich schließlich an den spanischen Königshof. Dort trifft er zwar auf offene Ohren, aber er muss sieben Jahre auf die Zusage von Isabella von Spanien warten. Eine Zusage heißt vor allem, Geld bekommen. Mit der Santa Maria und den Begleitbooten Nina und Pinta segelt Kolumbus von Spanien aus in Richtung Westen los. Unterwegs merkt er, dass die Welt wohl doch nicht so klein ist, wie er sie sich vorgestellt hat. Seine Leute wollen umkehren, weil die Reise so viel länger dauert als geplant. Kolumbus muss froh gewesen sein, als er nach zweieinhalb Monaten endlich Land entdeckt. Er glaubt übrigens bis zu seinem Tod, auf seinen Reisen Hinter-Indien erreicht zu haben.
Für die Ureinwohner Amerikas ist Columbus kein Segen, denn Entdecker sind auch immer Eroberer. Sie schnappen sich das Land und sagen, es gehört jetzt ihnen. Für Kolumbus sind die Indianer Wilde, denen er seine Sprache, Art zu leben und vor allem seinen Glauben aufzwingt. Zu seiner Zeit denkt man, dass das so sein muss.

1451 IN GENUA, ITALIEN – 20. MAI 1506 IN VALLADOLID, SPANIEN

ARNOLD SCHWARZENEGGER

ERSTER ACTIONHELD DER FILMGESCHICHTE

Als »Conan der Barbar« oder »Terminator« kennen ihn Millionen Menschen seit vielen Jahren aus dem Kino. Schließlich ist es vor allem sein Körper, der ihn berühmt gemacht hat – der sieht auch in Wirklichkeit so aus wie der eines Superhelden. Aber Arnold zeigt allen, dass er nicht nur stark ist, sondern auch schlau.

Aufgewachsen ist Arnold in einem kleinen Dorf in Österreich, sein Papa ist Polizist und sehr sportlich. Kurz nach dem Zweiten Weltkrieg sind die Menschen dort ziemlich arm. Alle arbeiten hart, und auch die Jugendlichen haben kaum Zeit für etwas anderes. Über Arnold schütteln viele im Dorf den Kopf, denn der hat als 15-Jähriger ein ungewöhnliches Hobby: Bodybuilding. Er trainiert mit Gewichten, bis er an Wettbewerben teilnehmen kann, bei denen Muskelmänner zeigen, wie kräftig sie gebaut sind. In einer Zeitschrift liest er von dem Bodybuilder Reg Park aus den USA, der so erfolgreich wird, dass er im Film den »Hercules« spielen darf. Genau das will Arnold auch!

Er übt und übt und übt. Und wird mit 20 Jahren »Mister Universum«. Arnold verlässt Österreich und zieht in die Vereinigten Staaten von Amerika, wo viel mehr Leute Bodybuilding machen und der Sport richtig beliebt ist. Das intensive Training macht sich bezahlt: Den Titel »Mister Olympia« gewinnt er gleich sieben Mal! Er ist ein Prominenter mit einem Brustumfang von 145 Zentimetern … Außer den Muskeln trainiert er aber auch sein Gehirn: Er studiert Wirtschaftslehre. Und er bekommt kleine Rollen in Filmen. Im Laufe der Zeit wird er der berühmteste Actionheld Amerikas, vor allem seine Rolle als Terminator im gleichnamigen Kino-Blockbuster ist legendär. Amerikaner und Europäer lieben »Arnie« …

Aber auch Politik interessiert Arnold. Er will Verantwortung übernehmen für das Land, in dem er lebt, und wird 2003 Gouverneur – eine Art Regierungschef – von Kalifornien in den USA. Später spielt er wieder in Filmen mit und konzentriert sich bei seiner politischen Arbeit auf das Thema, das ihm am meisten am Herzen liegt: den Umweltschutz. Er kämpft gegen den Klimawandel, für die Erhaltung der Natur und gefährdete Tierarten. 2018 wird ein neu entdecktes Tier nach ihm benannt: Megapropodiphora arnoldi, eine winzig kleine Fliege …

30. JULI 1947 IN THAL, ÖSTERREICH

CHARLES LINDBERGH

MUTIGER PILOT UND ATLANTIK-ÜBERQUERER

Seit Otto von Lilienthals Flügelschlagapparat von 1895 und dem Fluggerät der Brüder Wright von 1903 sind die Menschen fasziniert von Flugzeugen. 1919 fliegen die Briten John Alcock und Arthur Whitten Brown von Neufundland nach Irland über den Atlantik. Noch berühmter wird Charles Lindbergh.

Charles überquert 1927 ganz allein in einem Flugzeug den Atlantischen Ozean von New York nach Paris, also von Amerika nach Europa. Das haben vor ihm schon andere Piloten versucht, aber sie sind alle verschollen, abgestürzt oder haben nach kurzer Zeit aufgegeben. Die »Spirit of St Louis«, wie Lindbergh sein Flugzeug nennt, ist für die damalige Zeit hoch entwickelt. Streng genommen ist sie aber nicht viel mehr als ein fliegender Benzinkanister, denn um wenig Gewicht und möglichst viel Platz für Sprit zu haben, verzichtet Lindbergh auf vieles, sogar auf den Sextanten, ein wichtiges Messinstrument, und das Radio. Er fliegt allein mithilfe des Kompasses – und seiner Augen! Obwohl der Flug stressig ist durch Regen, Nebel, Wind und Nacht, erreicht er nach 27 Stunden Flugdauer wie geplant die Küste Irlands. Nach weiteren sechs Stunden landet er auf dem Flughafen von Paris. Seinen Treibstoff hat er bis zum letzten Tropfen aufgebraucht. Seine Eltern hätten gewiss nicht für möglich gehalten, dass ihr Sohn eine solche Leistung vollbringt und so berühmt wird. Charles ist nämlich nicht besonders gut in der Schule, sein Studium muss er wegen schlechter Leistungen abbrechen. Nur knapp schafft er die Pilotenausbildung. Aber er ist sehr zielstrebig, wird Kunstflieger, fliegt die Post von Saint Louis nach Chicago und ist als Militärpilot bei der Luftwaffe. Weil er so viel wagt, nennt man ihn »Flying Fool«, das heißt so viel wie »Fliegender Narr«.

Charles wird berühmt, ein echter Nationalheld in Amerika, und damals bekommt er für seine Leistung auch noch einen dicken Batzen Geld. Wie man später herausfindet, lebt Charles aber ein Doppelleben. Er hat in den USA eine Frau und fünf Kinder. In München hat er noch eine Frau, mit der er drei Kinder bekommt. Und es gibt eine weitere Familie – auch mit der Schwester der Münchnerin bekommt Charles zwei Kinder.

Wer denkt, dass so ein Verrückter wie Charles sicher bei einem waghalsigen Flug-Manöver irgendwann in jungen Jahren vom Himmel gefallen ist, hat sich getäuscht. Er stirbt als alter Mann in seinem Haus auf Hawaii …

4. FEBRUAR 1902 IN DETROIT, USA – 26. AUGUST 1974, KIPAHULU, HAWAII, USA

HARRY HOUDINI

GRÖSSTER ENTFESSELUNGSKÜNSTLER

Als Harry schon weltweit ein Star ist, setzt er einen Preis für denjenigen aus, der es schafft, ihn mit Handschellen, Fesseln oder Ketten dauerhaft festzusetzen. So etwas machen Polizisten eigentlich ständig – aber niemand kriegt es hin! Ein Mann hat sogar spezielle Handschellen entwickelt. Nicht zu knacken, heißt es. Als er Harry die am 17. März 1904 anlegt, dauert es genau 70 Minuten – und sie sind geöffnet.

Harry Houdini befreit sich immer und überall, ohne Ausnahme! Er lässt sich in Kisten sperren und in Flüsse werfen, gefesselt von Brücken schubsen, er geht durch Wände und lässt Elefanten verschwinden.

Als er vier ist, geht die Familie von Harry, der zu dem Zeitpunkt noch Erik Weisz heißt, von Ungarn in die USA und landet am Ende in New York. Dort lernt er als junger Mann eine Tänzerin kennen, die er heiratet. Bess ist nicht nur seine Frau, sondern auch seine Verbündete, die ihm als Bühnenassistentin beisteht. Bekannt werden sie mit dem Kistentrick – Harry wird in einer Kiste gefesselt und eingeschlossen, kann aber von dort verschwinden. Harry und Bess führen ein Zirkusleben. Sie nutzen die Lust der Menschen an übersinnlichen Dingen aus und verblüffen sie mit ihren Tricks – sie sind »Illusionisten«.

Harry und Bess wechseln je nach Erfolg ihren Aufenthaltsort und kommen unter anderem nach Deutschland, wo das Publikum Harry für seine teils lebensgefährlichen Stunts feiert. Wieder zurück in den USA fallen Harry immer krassere Aktionen ein. Er lässt sich zum Beispiel in einer Zwangsjacke einschnüren und kopfüber an Wolkenkratzern aufhängen. Das Publikum ist begeistert.

Auch als Zauberkünstler versucht sich Harry, aber da ist er nicht so erfolgreich. Er will nicht geheimnisvoll und mystisch sein, sondern geschickt seine Tricks beherrschen. Während viele Zauberer so tun, als können sie WIRKLICH zaubern, nervt Harry das nur. Als er älter wird, legt er sich mit vielen an, die angeblich übersinnliche Kräfte haben, und entlarvt ihre Maschen. So handelt er sich auch eine Menge Ärger ein.

Zum Verhängnis wird sein Versuch, es den Fakiren gleichzutun, die auf spitzen Stangen liegen, über Feuer gehen und harte Schläge aushalten können. Das Experiment geht schief. Harry stirbt ein paar Tage später – aber sein Ruf als unbesiegbarer Superman bleibt.

24. MÄRZ 1874 IN BUDAPEST, UNGARN – 31. OKTOBER 1926 IN DETROIT, USA

CRISTIANO RONALDO

TORGEFÄHRLICHSTER FUSSBALLSPIELER ALLER ZEITEN

Ronaldo heißt Tore. Mit dieser einfachen Formel erklären Fußballexperten Cristianos Erfolg. Dreimal Weltfußballer des Jahres, unzählige andere Fußballer-des-Jahres-Titel, sechsmal Torschützenkönig der Champions League, Europameister – die Erfolge von CR7, wie sich Cristiano aufgrund seiner Trikotnummer nennt, sind kaum zählbar.

Laut transfermarkt.de liegt sein »Marktwert« zwischenzeitlich bei 150 Millionen Euro. Ronaldo hat Millionen Fans – und Millionen Hater. Wenn er sich in Unterwäsche zeigt, seine geölten Bauchmuskeln anspannt und sich selbst toll findet, könnte man denken, er ist einfach nur ein Angeber. Er hat sich selbst ein Museum gebaut! Aber wenn Cristiano auf dem Fußballplatz steht, wird er zur Kampfmaschine.

Cristiano Ronaldo dos Santos Aveiro, wie er mit vollständigem Namen heißt, wächst auf der portugiesischen Insel Madeira vor der Nordwestküste Afrikas auf. Mit dem Fußballspielen beginnt er als Kleinkind, mit acht spielt er im Verein. Das Talent des kleinen Cristiano fällt auf, schon mit zwölf Jahren wechselt er zum Hauptstadtverein Sporting Lissabon. Dort entwickelt er sich zwar zu einem mega Profispieler, wird aber auch gehänselt, unter anderem wegen seines Dialekts. Als 18-Jähriger wechselt er zum britischen Top-Verein Manchester United und wird in den folgenden Jahren immer torgefährlicher, ein sogenannter Top-Scorer. Die Engländer wählen ihn 2007 als ersten Portugiesen zu Englands Fußballer des Jahres. Zwei Jahre später kommt es zu einem spektakulären Wechsel: Cristiano geht für fast 100 Millionen Euro zu Real Madrid und sorgt dort für weitere Superlative. In den ersten drei Jahren erzielt er dort in 144 Pflichtspielen 146 Tore! In den darauf folgenden Jahren festigt er seinen Ruf als Topspieler der Welt, 2016 gewinnt er mit der portugiesischen Nationalmannschaft die Europameisterschaft. Zu Ronaldos Ruf gehört, dass er viel Werbung macht, teure Autos fährt und sich vor allem mit Models zeigt. Er ist nicht verheiratet, hat aber vier Kinder. Während er auf dem Fußballplatz ganz schön grob sein kann, ist Ronaldo Kindern gegenüber super lieb. Er spendet Geld, zum Beispiel für Schulen in armen Gegenden, an die Organisation Save the Children oder das Rote Kreuz. Er trinkt keinen Alkohol. Als Profisportler muss er sich zurückhalten, aber ein anderer Grund ist, dass sein Vater als Alkoholiker gestorben ist.

5. FEBRUAR 1985 IN FUNCHAL, MADEIRA, PORTUGAL

1914
2014

EDWARD SNOWDEN

GEHEIMDIENST-EXPERTE UND WHISTLEBLOWER

2013 kommen Unterlagen ans Licht, die beweisen, wie die USA andere bespitzeln: E-Mails, Telefonate und SMS unzähliger Menschen werden weltweit abgefangen. Alle regen sich auf. Aber nicht alle aus dem gleichen Grund. Während die meisten sauer sind auf die Geheimdienste, sind viele Amerikaner sauer auf den Mann, der das ins Rollen gebracht hat.

Edward Snowden drohen in den USA langjährige Haftstrafen wegen Verrates. Wie kommt es zu diesem Skandal? Edward ist ein guter Schüler, aber nicht so richtig erfolgreich. Erst verpasst er aufgrund einer Krankheit ein ganzes Jahr in der Schule und macht keinen Abschluss. Weil er ziemlich begabt in Informatik ist, belegt er Kurse am College. Als er zwischendurch bei der Army einen mehrmonatigen Trainingskurs absolviert, bricht er sich beide Beine. Anschließend wurschtelt er sich ein bisschen durch – bis er beim US-Geheimdienst CIA einen Job findet. Das ist sein Ding. Er ist viel im Ausland, hat Zugriff auf geheime Daten und interessiert sich sehr für die Überwachungsmaßnahmen. Aber er selbst sagt, dass er sich schon früh gefragt hat, ob das Ausspionieren so vieler Menschen überhaupt erlaubt sein sollte. In einem Interview mit dem britischen Guardian sagt er: »Ich möchte nicht in einer Welt leben, in der alles, was ich tue und sage, aufgezeichnet wird. Solche Bedingungen bin ich weder bereit zu unterstützen, noch will ich unter solchen leben.«
Edward kopiert geheime Unterlagen und nimmt sie mit nach Hause. Er meldet sich krank und fliegt nach Hongkong, von wo aus er seine Daten an Zeitungen weiterleitet. Er gibt ein Video-Interview und zieht eine Filmerin ins Vertrauen. Edward hat Angst festgenommen zu werden. Deshalb bleibt er erst in Hongkong und geht dann nach Russland. Es ist schwierig ein Land zu finden, dass ihn nicht an die USA ausliefert, die ihn als Straftäter sucht. Die meisten fürchten Ärger mit den Amerikanern – auch Deutschland. 2018 ist Edward Snowden immer noch im Exil in Russland. Von dort aus vermittelt ihn eine Agentur als Redner in alle Länder. Er wird per Video zugeschaltet und bekommt Geld dafür. Durch Edwards Tat hat die Welt einen Einblick in die Arbeitsweise der Geheimdienste bekommen. Die meisten Menschen sind geschockt, andere finden, dass das nicht anders geht. Edward hat auf Twitter Millionen Follower. Aber darüber wie und wo er lebt, kann er nicht frei entscheiden.

21. JUNI 1983 IN ELIZABETH CITY, NORTH CAROLINA, USA

SITTING BULL

KÄMPFER FÜR DIE FREIHEIT DER INDIANER

Wer an Indianer denkt, hat das Bild stolzer Männer und Frauen vor sich, die Lederkleidung mit Fransen tragen, in Zelten wohnen, auf schnellen Pferden reiten und Büffel jagen. Die Vorstellung entspricht nicht immer der Wirklichkeit, aber Sitting Bull ist genau dieser Indianer. Fester Blick, ruhiges Auftreten – eine Autorität. Sitting Bull ist ein mächtiger Mann, aber bescheiden. Viele Menschen hören auf den Häuptling und Medizinmann der Hunkpapa-Lakota-Sioux. Auch die Weißen haben Respekt.

Als Kind bekommt er den Namen Springender Dachs und wird von seinem Onkel erzogen, der Häuptling ist, ein angesehener Mann. Schon als Jugendlicher zeigt sich Springender Dachs mutig, ruhig und geschickt, sodass er bald den Namen Tatanka Yotanka erhält, Sitzender Bulle, Sitting Bull. Eine seiner Aufgaben ist es, gegen die verfeindeten Crow-Indianer zu kämpfen. Er wird ein hervorragender Krieger. Vor ungefähr 200 Jahren sind die Nachfahren der weißen Eroberer gerade dabei, den Indianern das Land wegzunehmen, auf dem diese seit Jahrhunderten leben. Dass Land jemandem gehören kann, ist den Indianern fremd. Auch das Horten von Besitz kennen sie nicht.
Sie leben im Einklang mit der Natur, ziehen umher und ernähren sich von Büffeln – von denen sie so viele töten, wie sie zum Leben brauchen. Die Weißen töten Büffel, wollen das Land besitzen und sperren die Indianer in Reservate. Am Rand eines dieser Reservate liegen die Black Hills, heilige Berge für die Indianer. Als Tausende Goldsucher dort einfallen, um ihr Glück zu machen, wehren sich die Indianer gegen die Invasion der gierigen Weißen. Die Regierung will die Sache mit Geld regeln, aber die Indianer lehnen das ab. Schließlich sollen die Indianer mit Gewalt verdrängt werden. Sitting Bull kämpft den Kampf, der ihn berühmt macht: Gemeinsam mit den Häuptlingen Crazy Horse und Gall führt er die Indianer im Juni 1876 zum Sieg gegen die US-Kavallerie – die Reiter der US-Army – am Little Big Horn Fluss. Der amerikanische General George Armstrong Custer erleidet eine vernichtende Niederlage, Sitting Bull wird zum Helden. Aber später werden die Indianer dennoch verdrängt.
Sitting Bull nimmt an der Wildwest-Show des berühmten Büffeljägers Buffalo Bill teil.Er hat noch lange großen Einfluss auf die Indianer. Die amerikanische Regierung fürchtet ihn sehr und lässt ihn 1890 erschießen.

1831 AM GRAND RIVER, SÜD DAKOTA, USA - 15. DEZEMBER 1890 AM GRAND RIVER, NORD DAKOTA, USA

EMINEM

WEISSER RAPPER MIT SCHWIERIGER KINDHEIT

Wie schafft es ein wütender Junge, mit seinen Songs mehr als 172 Millionen Alben zu verkaufen und der weltweit erfolgreichste Rapper mit einem Jahresgehalt von ungefähr 18 Millionen US Dollar zu werden? Eminem ist ein Bad Boy, der im Grunde seines Herzens die Welt besser machen will.

In der Kindheit von Marshall Bruce Mathers, wie Eminem eigentlich heißt, weist nichts darauf hin, dass aus ihm mal was Tolles wird. Er wächst bei seiner Mutter auf, die in ärmlichen Verhältnissen lebt, dauernd umzieht und zudem drogenabhängig und gewalttätig ist. In der Schule wird er so heftig gemobbt, dass er mit zehn Jahren im Krankenhaus landet – ein Mitschüler hat ihn ins Koma geprügelt. M&M, wie er sich nennt, entdeckt die Rap-Musik für sich und beteiligt sich an ersten Battles, also Rap-Wettbewerben.Der schmächtige Junge verschafft sich Respekt – was in der von Schwarzen bestimmten Hip-Hop-Szene ungewöhnlich ist. Aber Gewalt bleibt ein Thema, sowohl in seinen Texten, als auch im realen Leben. Eminem, wie er sich jetzt nennt, beschimpft andere Rapper und macht sich eine Menge Feinde. Mit seiner Jugendfreundin Kim bekommt er 1995 eine Tochter, aber die Beziehung der beiden ist schwierig. Sie heiraten zwar, lassen sich ein paar Jahre später aber wieder scheiden. Eminems Musik wird immer erfolgreicher, sein Leben jedoch bleibt chaotisch. Er nimmt Medikamente, Drogen und trinkt sehr viel Alkohol. Feinde, Freunde und Verwandte verklagen ihn, sogar seine Mutter verlangt von ihm Schmerzensgeld, da er sie in Interviews als eine »labile, prozessfreudige Drogenabhängige« bezeichnet hat. Seine Ex-Frau verlangt ebenfalls Schmerzensgeld – auch sie hat er bei öffentlichen Auftritten beleidigt.

Nicht nur seine Fans, sondern auch viele Menschen, die keine Rap-Musik hören, sehen den Kino-Film »8 Mile« über Eminems Leben und verstehen seine Probleme, sich immer korrekt zu verhalten. Eminem spielt selbst den weißen Rapper Rabbit – und überrascht mit einer guten Schauspielleistung. Für seinen Filmsong »Lose Yourself« bekommt er sogar den Oscar. Eminems neuere Lieder haben nicht so aggressive Texte, er singt sie teilweise zusammen mit Superstars wie Beyoncé oder Ed Sheeran.

Ärger bleibt trotzdem ein wichtiger Bestandteil in Eminems Leben. Er macht sich über andere Stars lustig und attackiert den US-Präsidenten Donald Trump. Im Grunde seines Herzens will der Bad Boy Eminem die Welt gerechter, schöner und besser machen.

17. OKTOBER 1972 IN ST. JOSEPH, MISSOURI, USA

FRANZ VON ASSISI

PREDIGER FÜR DIE NÄCHSTENLIEBE

Italien im Mittelalter, ein kleiner Bergort. Franz – der noch Giovanni Battista Bernardone heißt – Sohn eines wohlhabenden Tuchhändlers, zankt sich mit seinem Vater. Er ist gerade aus dem 170 Kilometer entfernten Rom zurückgekehrt, wo er aus Glaubensgründen hingepilgert ist.

Der Vater ist stinksauer, denn er hat den Verdacht, dass sein Ältester Waren aus dem Laden verschenkt – aus Nächstenliebe. Man weiß nicht, wie der Streit ausgegangen ist, aber dass der Vater sich Sorgen um die Zukunft seines Sohnes macht. Franz bekommt eine anspruchsvolle Schulbildung und soll später im Laden des Vaters arbeiten. Wie jeder Jugendliche hat auch er Spaß mit seinen Freunden, er feiert viel und ist spendabel. Franz möchte gern Ritter werden, was damals ein durchaus normaler Berufswunsch ist. Aber bei einem Gefecht wird er gefangen genommen und kommt erst ein Jahr später als kranker Mann wieder frei. Um für den Papst zu kämpfen, macht er sich dennoch erneut auf den Weg. Bis er unterwegs einen Traum hat. Darin sagt Gott, dass Franz mehr für ihn tun kann, wenn er ihm als Geistlicher dient. Franz kehrt nach Hause zurück und macht sich an den Aufbau zerfallener Kirchen. Weil er auch hierfür Geld von seiner Familie nimmt, gipfelt der Streit mit seinem Vater in einem öffentlichen Gerichtsprozess, in dessen Verlauf sich Franz nackt auszieht und auf sein Erbe verzichtet mit den Worten: »Bis heute habe ich dich meinen Vater genannt auf dieser Erde; von nun an will ich sagen: ‚Vater, der du bist im Himmel'«. Franz führt nun ein Leben in Abgeschiedenheit, bettelt um Essen und hilft jedem, dem er helfen kann. Er will die Bibel-Evangelien wörtlich nehmen und nach Gottes Wunsch dessen Glauben verbreiten, ohne Streben nach Besitz oder Reichtum. Etwa 1210 wird der von ihm gegründete Orden vom Papst anerkannt, auch wenn die Chefs in Rom skeptisch sind. Die Katholische Kirche ist im Mittelalter sehr reich und die größte Macht Europas, und dass ein Kirchenmann Armut predigt und selbst lebt, ist ihr nicht geheuer. Aber schon kurz nach seinem Tod wird Franziskus heilig gesprochen.

Noch heute gibt es Orden, die sich an den Regeln von Franz von Assisi orientieren. Seine Ideen sind wieder aktuell, Papst Franziskus hat 2017 von den Franziskanern gefordert, ihr Leben mit Ausgegrenzten zu teilen und sich wie ihr Vorbild um die Erhaltung der Natur – Gottes Schöpfung – zu kümmern.

1181 IN ASSISI, ITALIEN – 3. OKTOBER 1226 IN ASSISI, ITALIEN

JOHN LENNON

SÄNGER UND FRIEDENSAKTIVIST

John Lennon ist Sänger und Songschreiber der legendären Beatles, die als erste Popband der Welt und erfolgreichste Pop-Gruppe überhaupt gelten. Megahits, kreischende Fans bei Konzerten – die Sechziger Jahre sind die Zeit der »Beatlemania«. John ist der kreative Kopf.

John wächst bei seiner Mutter und seiner Tante auf – der Vater ist Seemann und viel unterwegs. In der Schule läuft es eher schlecht, John malt lieber lustige Sachen und ist der Klassenclown. Die Mutter bringt ihm bei, wie man Banjo, eine Art runde Gitarre spielt, und John entdeckt den Spaß an der Musik. Er beginnt ein Studium an der Kunsthochschule in Liverpool, gründet aber auch eine Band – die später dann »The Beatles« genannt wird. Johns Schulfreund Paul McCartney und dessen Kumpel George Harrison sind von Anfang an mit dabei, der Schlagzeuger Ringo Starr kommt erst später dazu. Die Band hat ihre ersten großen Auftritte aber nicht in Liverpool, sondern in Hamburg. John und Paul schreiben die Songs. Die Fans sind verrückt nach den »Pilzköpfen«, wie man die Jungs wegen ihrer Frisuren nennt. Sie werden berühmt in England, Deutschland und schließlich auch in den USA. John schreibt nebenbei Geschichten und illustriert sie und er spielt in einem Anti-Kriegsfilm mit. Er heiratet und bekommt einen Sohn, aber 1968 trennt er sich von seiner Frau und ist mit der Künstlerin Yoko Ono zusammen. Mit ihr beginnt Johns zweites Leben. Die Beatles interessieren ihn nicht mehr so, gemeinsam mit seiner neuen Partnerin nimmt er ein Album auf, mit einem Cover, auf dem beide nackt zu sehen sind – in den Sechziger Jahren ein Skandal. Ebenfalls ein Skandal sind die »Bed-ins« – John und Yoko bleiben einfach wochenlang im Hotelbett liegen und demonstrieren so für den Frieden. John meint das absolut ernst. Er setzt sich für den Weltfrieden ein, auch mit seiner Musik: »Give Peace a Chance« oder »Imagine« sind Lieder für den Frieden. Aber er streitet sich mit Paul, die Beatles werden aufgelöst. Er startet Kunstprojekte mit Yoko, setzt sich für Frauenrechte ein und nimmt jede Menge Drogen. Yoko und John leben in New York und bekommen einen Sohn. 1980 wird John vor seinem Haus erschossen. Der Täter hat sich ein paar Stunden zuvor ein Autogramm von John geben lassen und wird dabei mit ihm fotografiert. Das letzte Foto von John Lennon zeigt ihn also zusammen mit seinem Mörder …

9. OKTOBER 1940 IN LIVERPOOL, ENGLAND – 8. DEZEMBER 1980 IN NEW YORK, USA

FREDDIE MERCURY

KULTSTAR DER ACHTZIGER JAHRE

»We are the champions« – immer noch wird der Song von Queen gespielt, wenn es ums Gewinnen geht, und wenn das rhythmische »We will rock you« aus den Lautsprechern hämmert, rasten auch heute noch alle aus. Der Frontman dieser legendären Band, Freddie Mercury, ist in den Siebziger und Achtziger Jahren einer der erfolgreichsten Musiker.

Mit seinem eigenwilligen kraftvollen Tanzstil, seinen sexy Klamotten und seiner unverkennbaren Stimme ist er der bunte Paradiesvogel unter den Rockstars. Seine Bühnenshows ziehen Zigtausende Fans in die Konzerte, und sein Stimmvolumen und -umfang verblüffen sogar Experten.

Dass er einst so berühmt werden würde, hat allerdings niemand geahnt, als der kleine Farrokh Bulsara, so heißt Freddie eigentlich, auf der afrikanischen Insel Sansibar geboren wird. Seine – aus Indien stammenden – Eltern ziehen mit ihm nach Indien und schicken ihn auf ein englischsprachiges Jungs-Internat, wo man sein musikalisches Talent entdeckt und er Musikunterricht erhält. Hier spielt er auch zum ersten Mal in einer Band, die bei Schulveranstaltungen auftritt.

Die Familie Bulsara zieht später nach Großbritannien, in einen Vorort von London, Freddie schließt die Schule ab und studiert Grafikdesign. Er ist begabt, interessiert sich aber vor allem für Musik. Er spielt in verschiedenen Bands, bis er im April 1970 mit Brian May und Roger Taylor die Band Queen gründet und mit ihr einen Erfolgssong nach dem anderen landet. Die rockige Musik entspricht dem Zeitgeist, ist aber ganz eigen, der typische Queens-Sound. Das hymnische »Bohemian Rhapsody« wird der erste Nummer-Eins-Hit der Band.

Freddie lernt die Verkäuferin Mary Austin kennen, die beiden ziehen zusammen, heiraten aber nicht. Das liegt vielleicht daran, dass Freddie eigentlich schwul ist. Mary bleibt bis zu seinem Tod seine gute Freundin und Seelenverwandte, ebenso wie Barbara Valentin, eine Österreicherin, mit der Freddie Anfang der Achtziger Jahre in München zusammenlebt. Sein Partner während dieser Zeit ist der Wirt Winnie Kirchberger. Als er zurückkehrt nach London, ist Freddie mit Jim Hutton zusammen. Für homosexuelle Männer gibt es zu dieser Zeit eine große Gefahr: die schreckliche Immunkrankheit AIDS, mit der sich sehr viele anstecken und an der zu der Zeit noch die meisten sterben mussten. Auch Freddie …

5. SEPTEMBER 1946 IN SANSIBAR-STADT, TANSANIA - 24. NOVEMBER 1991 IN LONDON, ENGLAND

GALILEO GALILEI

ENTDECKER DES PLANETENSYSTEMS

»Und sie bewegt sich doch!«, soll Galileo geflüstert haben, als die mächtigen Kirchen-Chefs ihn verurteilen, weil er behauptet hat, dass die Erde sich dreht. Das 16. Jahrhundert ist eine schwierige Zeit für Wissenschaftler, denn wer etwas herausfindet, das der Vorstellung der Kirchenleute widerspricht, kommt ins Gefängnis. So auch Galileo.

Dass die Erde eine Kugel ist und keine Scheibe, hat die Kirche bereits zähneknirschend akzeptiert. Aber dass sie nicht einmal der Mittelpunkt der Welt ist, wie es in der Bibel steht, möchte die Kirche nicht zulassen. Dummerweise kann Galileo aber beweisen, dass sich die Erde ebenso wie andere Planeten um die Sonne dreht. Schon Galileos Vater beschäftigt sich mit wissenschaftlicher Forschung, obwohl er eigentlich wie die meisten Männer in Florenz Tuchhändler ist. Galileo studiert nach Abschluss der Schule erst Medizin, dann Mathematik. Wegen seiner spannenden Vorträge werden die wichtigen Leute der Stadt auf den klugen Gelehrten aufmerksam. Er wird Hochschullehrer, Professor und kann sich später als Mathematiker am Hof der mächtigen Medicis ganz seinen Forschungen widmen. Die sind für die Wissenschaft bahnbrechend. Galileo erklärt das sogenannte heliozentrische Weltbild – also die Vorstellung, dass die Planeten um die Sonne (Helios) kreisen. Es geht weit zurück auf die Erkenntnisse der deutschen Wissenschaftler Nikolaus Kopernikus und Johannes Kepler. Ein wichtiges Instrument für Galileo ist das Fernrohr des holländischen Brillenmachers Hans Lipperhey, das er zum Beobachten der Sterne im All weiterentwickelt. In Rom zeigt er damit anderen Gelehrten »neue Dinge am Himmel«: Jupiter, den Mond, Venus, Saturn. Die Begeisterung der Wissenschaftler ist groß, die der Kirchenleute hält sich in Grenzen, aber noch lassen sie ihn machen – so lange er sagt, dass die Dinge so sein KÖNNTEN, aber nicht, dass sie so SIND. Galilei ist übrigens gar nicht gegen die Kirche, im Gegenteil, er ist sehr gläubig. Er findet einfach, dass die Bibel kein wissenschaftliches Buch ist. Aber auch diese Unterscheidung ärgert die Kirchenleute. 1633 wird Galileo unter Hausarrest gestellt und darf nicht mehr forschen. Seine Schriften werden verboten. Für die Wissenschaftler ist er weiterhin ein Genie. Die Kirche braucht hingegen über hundert Jahre, bis sie Galileos Erkenntnisse anerkennt …

15. FEBRUAR 1564 IN PISA, ITALIEN – 8. JANUAR 1642 IN ARCETRI, ITALIEN

JAMES DEAN

REBELL MIT TRAGISCHEM SCHICKSAL

Wer mit 24 Jahren stirbt, hat nicht so viel Zeit, aus seinem Leben etwas Besonderes zu machen. James ist das gelungen – aber wahrscheinlich wäre er lieber alt geworden als eine Legende. Zu seiner Zeit gilt James als Jugend-Idol: hübsch, rebellisch und empfindsam. Und er muss eine ganze Menge einstecken in seinem Leben. Er spielt in drei Filmen den coolen Typen: »Denn sie wissen nicht, was sie tun«, »Jenseits von Eden« und »Giganten«.

Der kleine James zieht mit seinen Eltern oft um. Halt gibt ihm seine Mutter, zu der er ein enges Verhältnis hat, und die schnell erkennt, wie viele Begabungen der Junge besitzt. Er kann toll basteln, tanzen, malen, schauspielern und lernt Instrumente. Tragischerweise stirbt seine Mutter, als James erst neun Jahre alt ist – besonders schrecklich für ihn, weil sich sein Vater nicht um ihn kümmert. James wohnt immer wieder bei seinem Onkel und seiner Tante. Beim Spielen stürzt er einmal als Kind so unglücklich, dass er sich vier Schneidezähne ausschlägt und von da an eine Zahnprothese tragen muss. James ist außerdem kurzsichtig und muss eigentlich eine Brille tragen.

Zum Glück trifft er auf Menschen, die sein Talent fördern und an ihn glauben. Die erste und wichtigste Bezugsperson ist Adeline Brookshire, die er an der High School bei einem Theaterkurs kennenlernt und die ihn sein ganzes Leben lang unterstützt. James versucht es seinem Vater recht zu machen, der will, dass der Junge Anwalt wird. Doch seine Begabung und Leidenschaft gehören dem Theater. Zwischendurch läuft es immer wieder so schlecht, dass er sich mit Aushilfsjobs durchschlagen muss. Seine große Chance ist die Aufnahme an einer berühmten Theaterschule in New York und dann seine erste große Filmrolle in »Jenseits von Eden«, wo er einen jungen Mann spielt, der um die Liebe seines Vaters kämpft. Die Rolle macht ihn auf einen Schlag bekannt, ebenso wie die coolen Fotos, die Star-Fotograf Dennis Stock von ihm macht. Neben dem Theater liebt James Motorräder und Autorennen. Er liebt die Technik, das Design, die Schnelligkeit, das Gefühl von Freiheit. Aber er ist kein rücksichtsloser Fahrer, im Gegenteil. Zwei Wochen vor seinem Tod hat James, der bei einem Autounfall gestorben ist, noch einen Werbespot für eine Verkehrssicherheits-Organisation aufgenommen.

8. FEBRUAR 1931 IN MARION, INDIANA, USA – 30. SEPTEMBER 1955 IN CHOLAME, KALIFORNIEN, USA

JACQUES-YVES COUSTEAU

MANN DES MEERES

Eigentlich will Jacques Pilot werden, muss den Wunsch aber nach einem schweren Autounfall aufgeben. Tragisch. Einerseits, andererseits wird er ein weltbekannter Taucher und Meeresforscher, der die schönsten Unterwasserfilme dreht und seine Faszination für den Ozean an Millionen Menschen weitergibt. Auch die Deutschen lieben seine TV-Serie.

Mit der »Calypso«, einem umgerüsteten ehemaligen englischen Minenräumschiff und seiner Crew an Bord geht Jacques auf Entdeckerfahrt. Dazu gehört auch immer seine Familie. Mit seiner Frau Simone hat er zwei Söhne, von denen einer, Philippe, 1979 beim Absturz eines Wasserflugzeuges ums Leben kommt. Dann heiratet er Francine, mit der er bereits zwei Kinder hat.
Der dünne Jacques mit dem hageren Gesicht ist ein Draufgänger. Er selbst weiß seit seinem ersten Tauchgang, dass das Meer seine Welt ist und tauchen seine Art der Fortbewegung – er stellt sogar einen Weltrekord im Freitauchen auf, als er 1947 ohne Hilfe auf 91,5 Meter Tiefe hinabtaucht. Er entwickelt eine spezielle Tauchausrüstung, die »Aqua-Lunge« – die Marke gibt es heute noch.
Am liebsten wäre Jacques selbst eine Art Fisch, um die Unterwasserwelt richtig kennenzulernen und vor allem, um sie der Welt zu zeigen. Seinen ersten Film dreht er 1942 mit einer einfachen Kamera in einem wasserdichten Einmachglas. Später produziert er Dokumentationen mit Special Effects, für seinen Film »Die schweigende Welt« erhält er sogar einen Oscar, den berühmtesten Filmpreis. Insgesamt dreht er mehr als 100 Filme! Mit einem futuristischen U-Boot, der »tauchenden Untertasse«, stößt Cousteau in immer größere Tiefen vor. Es gibt einige Leute, die machen ihm zum Vorwurf, dass er seine schönen Unterwasserbilder ohne Rücksicht auf Tiere und das Leben unter Wasser gemacht hat. Aber, so kann man einwenden, zu seiner Zeit kennen sich die Menschen mit dem Thema Umweltschutz noch nicht so aus. Jacques selbst sieht sich als Naturschützer und gründet 1973 eine Gesellschaft zur Erforschung und zum Schutz der Meere. Jacques Sohn Jean-Michel hat das Werk seines Vaters fortgeführt, er und sein Enkel Fabien setzen sich bis heute für die Ozeane ein, vor allem für Haie – die lagen auch dem Großvater am Herzen.

11. JUNI 1910 IN SAINT-ANDRÉ-DE-CUBZAC, FRANKREICH - 25. JUNI 1997 IN PARIS, FRANKREICH

JOHANN WOLFGANG VON GOETHE

DEUTSCHLANDS BERÜHMTESTER DICHTER

»Fack ju Göhte« – wer erinnert sich nicht an den Kinofilm, in dem eine Klasse und ihr Lehrer das Zentrum einer lustigen Geschichte rund um die Schule sind? Der Name Goethe steht für die Bildung der Deutschen. Sein Drama »Faust« kennt so gut wie jeder Erwachsene. Er ist Deutschlands bedeutendster und bekanntester Dichter. Und ein toller Naturforscher. Es gibt Goethe-Denkmäler, -Plätze, -Straßen, -Universitäten, -Theater und sogar einen Goethe-Knochen …

Johanns Vater ist reich und gebildet, aber auch streng. Nach wenigen Jahren auf einer öffentlichen Schule erhält er zusammen mit seiner Schwester Cornelia Privatunterricht und hat einen ziemlich stressigen Alltag. Auf seinem Stundenplan stehen zig Fächer. In seiner Freizeit chillt der kleine Johann nicht, er spielt mit seinem Puppentheater vor.
Später studiert er in Leipzig Rechtswissenschaften und besucht heimlich literaturwissenschaftliche Vorlesungen. Als Student geht er gern aus und flirtet mit den Mädchen.
Und Johann schreibt – vor allem Gedichte und Geschichten über die Liebe. Als er krank wird, muss er zurück nach Hause und studiert später in Straßburg weiter. Er wird schließlich Anwalt in Frankfurt. Aber die Dichtung ist ihm wichtiger. Mit Anfang 20 schreibt er ein Buch, das ganz viele Menschen bewegt. »Die neuen Leiden des jungen Werther« handelt von einer unglücklichen Liebe, die mit Selbstmord endet.
Johann ist ein berühmter Dichter, als er nach Weimar geht, wo er verschiedene wichtige Ämter übernimmt und Minister wird. Nach dem Herzog ist er der mächtigste Mann. Er beschäftigt sich mit Naturwissenschaften, leitet das Weimarer Theater und bricht 1786 zu einer Reise nach Italien auf. Auch dort arbeitet er, aber vor allem genießt er die Freiheit, Spaß zu haben.
Nach zwei Jahren kehrt er nach Weimar zurück. Die Freundschaft zum Dichter Friedrich Schiller bedeutet ihm viel, und als Friedrich 1805 stirbt, ist er sehr erschüttert. Johann verliebt sich in eine junge Frau aus armen Verhältnissen, Christiane Vulpius. Mit ihr fühlt er sich wohl, die beiden ziehen zusammen und bekommen einen Sohn, August. Johann ist glücklich mit Christiane, aber der Herzog und die anderen feinen Leute schütteln den Kopf über die Beziehung. Johann heiratet Christiane, nachdem sie ihn vor plündernden Soldaten gerettet hat.

28. AUGUST 1749 IN FRANKFURT A.M. – 22. MÄRZ 1832 IN WEIMAR

MICHAEL SCHUMACHER

RENNFAHRER-LEGENDE UND VORBILD

Michaels Karriere beginnt im Kartclub seiner Eltern, wo man sich einen Kart ausleihen und damit über eine 710 Meter lange Outdoor-Rennstrecke rasen kann. Bei Regen, während die Mama die Imbissbude und der Papa die Werkstatt aufräumt, jagt der kleine Michael am liebsten allein über die nasse Bahn. Dass er Spaß hat, kann man sehen. Dass er Talent hat, auch bald: Mit fünf bekommt er seinen ersten Siegerpokal, mit sechs wird er Clubmeister, 1987 Deutscher Kartmeister …

Nachdem Michael mit 18 auch in anderen Formelklassen fahren darf, wird ein Mann auf ihn aufmerksam, der ihm den Einstieg in den professionellen Motorsport ermöglicht. Der Unternehmer Willi Weber erkennt sofort Michaels Potenzial. 1991 wird er mit Willis Hilfe Fahrer im Team Jordan – und es beginnt der unaufhaltsame Aufstieg zum erfolgreichsten Piloten der Formel-1-Geschichte. Vor seinem ersten Rennen im belgischen Spa fährt Michael die Strecke mit dem Fahrrad ab. Seinen Formel-1-Auftakt macht er ganz ordentlich, kommt aber wegen eines Motorschadens nicht weit. Vor allem seine draufgängerische Fahrweise und sein selbstbewusster Umgang mit Megastars wie Ayrton Senna oder Nelson Piquet hinterlassen Eindruck bei den Fachleuten. Ein Jahr später fährt Michael auf der gleichen Strecke – diesmal schon im Team Benetton – als Grand-Prix-Sieger ins Ziel. So eiskalt Michael als Rennfahrer ist, privat bleibt er ein freundlicher, bescheidener und bodenständiger Mann. 1995 heiratet Michael seine große Liebe Corinna und bekommt zwei Kinder mit ihr. Michael legt eine Rennfahr-Karriere wie aus dem Bilderbuch hin. Als Ayrton Senna 1994 beim Großen Preis von San Marino in Italien tödlich verunglückt, sind alle geschockt, auch Michael. Er wird im gleichen Jahr zum ersten Mal Weltmeister. 1996 wechselt Michael in den legendären Rennstall von Ferrari, den er aus einer lang anhaltenden Phase der Erfolglosigkeit wieder zu vielen Siegen verhelfen kann. Mit sieben Weltmeistertiteln und 91 Siegen ist Michael ein deutscher Star. Er kann Auszeichnungen und Pokale bei sich horten! 2013 passiert etwas Schreckliches: Michael stürzt beim Skifahren und schlägt mit dem Kopf auf einen Felsen auf. Obwohl er einen Helm trägt, kommt er mit einem schweren Schädel-Hirn-Trauma in die Klinik. Wie es ihm heute geht, weiß außer seiner Familie niemand.

3. JANUAR 1969 IN HÜRTH

Deutsche
Vermögensberatung
Marlboro
vodafone
BRIDGESTONE
Marlboro
Marlboro
vodafone
Marlboro
vodafone
OMP
M. Schumacher

LAWRENCE VON ARABIEN

TRAGISCHER HELD IN DER WÜSTE

Lawrence hat im Ersten Weltkrieg für sein Vaterland Großbritannien gemeinsam mit den Arabern gegen das Osmanische Reich gekämpft. Es gibt einen Hollywood-Film über ihn, in dem er als mutiger Abenteurer die stolzen Araber in einen Krieg gegen die osmanischen Besatzer führt. Wie ist sein wirkliches Leben gewesen? Vieles erzählt er selbst über sich in seinem Buch: »Die sieben Säulen der Weisheit«.

Lawrence kommt als Sohn eines Adligen zur Welt, allerdings ist seine Mutter nicht dessen Frau, sondern das ehemalige Kindermädchen der Familie. Er studiert Geschichte in Oxford und reist schon als Student nach Syrien und Palästina, wo er Kontakte zum Britischen Geheimdienst bekommt. Er nimmt an Expeditionen teil, lernt die Beduinen kennen und bringt sich Arabisch bei.

Als der Erste Weltkrieg ausbricht, ist Lawrence in Kairo. Eigentlich weit weg vom Geschehen, aber die Briten, die im Krieg gegen die Deutschen kämpfen, sind beunruhigt, weil es den Osmanen – den Vorfahren der Türken und Verbündeten der Deutschen – gelungen ist, zwei Bahnlinien aufzubauen. Die Bagdadbahn fährt von Konya in der Nähe des Osmanischen Machtzentrums Konstantinopel (heute: Istanbul) bis nach Bagdad. Mit der Hedschasbahn gelangt man von Damaskus in Syrien nach Medina in Saudi-Arabien. Die Briten, die Schutzmacht im Süden und Osten der Arabischen Halbinsel sind, wollen mit Guerilla-Aktionen dagegen vorgehen, um die Osmanen zu schwächen und dort selbst an die Macht zu kommen.

Lawrence überzeugt die Araber davon, dass Angriffe auf die Hedschasbahn eine gute Strategie für die Unabhängigkeit Arabiens sein würden und freundet sich mit dem Sohn des Emirs an, Faisal I. Auf Kamelen reiten die Beduinen unter Lawrence' Führung zu ihren Einsätzen, und tatsächlich schwächen ihre Aktionen die osmanische Armee. Sie erobern die strategisch wichtige Stadt al-Wadschh und gelangen schließlich bis zur Hafenstadt Akaba am Roten Meer. 1918 überlassen die Osmanen Bagdad den Arabern. Ein Triumph – einerseits. Andererseits sind die Beduinen von Anfang an nur benutzt worden. Die Briten treffen kurz danach in Bagdad ein. Zu dem Zeitpunkt ist bereits entschieden, dass das Gebiet in britische und französische Einflusszonen aufgeteilt wird. Ob Lawrence das gewusst hat?

16. AUGUST 1888 IN TREMADOG, WALES – 19. MAI 1935 IN CLOUDS HILL, ENGLAND

JOHN F. KENNEDY

EIN BESONDERER US-PRÄSIDENT

Da ist zum einen der selbstbewusste Politiker und spätere US-Präsident JFK, wie man ihn nennt, der mit seiner eleganten Frau Jackie ein Glamour-Paar abgibt. Auf der anderen Seite ist da Jack, wie ihn seine Freunde rufen, den kränklichen Sohn einer mächtigen Familie, der die meisten seiner ehrgeizigen Pläne nicht umsetzen kann. Sein strahlendes Lächeln, sein jugendliches Aussehen und sein dynamisches Auftreten machen JFK zu einer Art Popstar der amerikanischen Politik.

John F. Kennedy hat große gesundheitliche Probleme. Er leidet seit seiner Kindheit unter einer Erkrankung des Immunsystems, die ihn anfällig für Infektionen macht. Er hat schlimme Rückenprobleme, eine lang anhaltende Darmentzündung und ist häufig im Krankenhaus. Mit Ende 30 muss er sogar ein Korsett tragen, eine Art Stützgerüst. Die Kennedy-Familie ist groß und so reich, dass ihr nicht nur ein Haus gehört, sondern gleich mehrere Wohnsitze. Sogar ein eigenes Flugzeug steht ihr zur Verfügung, was Jack später als Politiker nutzt. Nach der Schule soll Jack studieren, aber aufgrund seiner Krankheit muss er einige Studienaufenthalte vorzeitig abbrechen. JFK geht schließlich an die berühmte Harvard Universität. Es ist die Zeit des Zweiten Weltkriegs, Jack meldet sich freiwillig bei der US Army und wird Kommandant eines Schnellbootes. Nach dem Krieg arbeitet er als Journalist, geht dann in die Politik. Er heiratet Jacqueline – Jackie – und bekommt mit ihr drei Kinder. Als Jack 1960 Präsidentschaftskandidat der Demokraten wird, schlägt er beim Fernsehduell den Republikaner Richard Nixon – vor allem, weil er besser aussieht. Mit 43 ist er Präsident der USA. Aus seiner Antrittsrede ist ein Zitat besonders bekannt: »Fragen Sie nicht, was Ihr Land für Sie tun kann – fragen Sie, was Sie für Ihr Land tun können.« Noch ein Spruch wird berühmt. Als JFK Deutschland besucht, wird dort gerade die Berliner Mauer gebaut. Um den Berlinern im freien Westteil zu zeigen, wie sehr er auf ihrer Seite steht, sagt er auf Deutsch: »Ich bin ein Berliner!«

JFK entspricht dem Bild des perfekten Amerikaners, vor allem benachteiligte Menschen in den USA haben viel Hoffnung in ihn gesetzt. Aber er kann nur wenig für sie erreichen. Er hat auch nicht viel Zeit: JFK wird 1963 in Dallas während einer Fahrt im offenen Wagen erschossen. Seine Frau Jackie sitzt neben ihm.

29. MAI 1917 IN BROOKLINE, MASSACHUSETTS, USA - 22. NOVEMBER 1963 IN DALLAS, TEXAS, USA

MICHAEL JACKSON

UNGLÜCKLICHER KING OF POP

Schon als Siebenjähriger steht Michael mit seinen vier älteren Brüdern als Jackson Five im Studio und auf Konzertbühnen. Er ist der Leadsänger – ein Kind mit glasklarer Stimme, umwerfendem Rhythmusgefühl und strahlendem Lächeln. Was die Jungs antreibt, ist weniger der Spaß als Joe Jackson, der strenge Vater. Er macht die Jackson Five zu einer erfolgreichen Band und Michael zum Kinderstar.

Mit 13 nimmt Michael eigene Songs auf, er spielt in einem Film mit und lässt schließlich von dem berühmten Musik-Produzenten Quincy Jones sein Album »Off the Wall« produzieren. Das schlägt ein wie ein Blitz und ist der Beginn einer beispiellosen Musikkarriere. Aus Michael wird der größte Popstar aller Zeiten. Es folgt das Album »Thriller«, das bis heute weltweit am meisten verkaufte Album. Zu dem Song »Billie Jean« gibt es das erste Video eines schwarzen Künstlers, das auf dem neuen Fernsehsender MTV rauf und runter gespielt wird. Alle Rekorde bricht das spektakuläre »Thriller«-Video im Stil eines Zombiefilms. Michael liefert Hit um Hit ab, seine Auftritte werden zu Events. Einzigartig ist sein Look, und vor allem sein Tanzstil. Der Moonwalk wird zu seinem »Signature Move«. Michael ist ein super Tänzer, der bei Konzerten Höchstleistungen vollbringt. Aber er hat Probleme. Ein beliebtes Thema in Zeitschriften, im Fernsehen und später im Internet ist Michaels verändertes Aussehen. Nach einem Unfall beim Tanzen lässt er sich 1979 die Nase richten – die auf einmal kleiner und schmaler ist. Außerdem leidet er an der Hautkrankheit Vitiligo, bei der sich weiße Flecken ausbreiten. Er erleidet Verbrennungen durch einen Unfall bei einem Werbevideo-Dreh. Dass er Schönheits-Operationen hat vornehmen lassen, hat Michael immer von sich gewiesen.

Er wird von den Fans geliebt – aber seine Art zu leben ist ungewöhnlich. Michael redet wie ein Kind, läuft mit Mundschutz durch die Gegend, hat oft einen Affen bei sich, liebt Disneyland über alles und spendet viel Geld für Hilfsprojekte. Er heiratet 1994 Elvis Presleys Tochter Lisa Marie, trennt sich aber nach zwei Jahren wieder von ihr. Mit der Krankenschwester Debbie Rowe bekommt er später drei Kinder. Michael nimmt viele Tabletten. Sein Arzt gibt ihm sogar Narkosemittel, damit er schlafen kann. 2009 stirbt Michael, nachdem er zu viele Medikamente genommen hat.

29. AUGUST 1958 IN GARY, INDIANA, USA – 25. JUNI 2009 IN LOS ANGELES, USA

MAHATMA GANDHI

SETZT OHNE GEWALT GROSSES DURCH

Ein dünnes, kleines Männchen im Lendenschurz liegt lesend auf einer Liege und weigert sich wochenlang lächelnd, etwas zu essen – damit es keinen Krieg gibt, sein Land unabhängig wird und die Religionen friedlich zusammenleben. Kaum zu glauben, dass das funktioniert. Aber im Fall Gandhi hat es tatsächlich geklappt, jedenfalls teilweise. Seinen gewaltfreien Widerstand haben sich viele Menschen zum Vorbild gemacht.

Gandhi kommt in Indien zur Welt, den Ehrentitel »Mahatma« erhält er erst später. Das Land wird zu der Zeit von Großbritannien regiert, die Bevölkerung besteht aber zum größten Teil aus Hindus. Nach deren Glauben wird jeder Mensch in eine sogenannte Kaste hineingeboren, aus der er Zeit seines Lebens nicht hinauskommt. Die Kaste bestimmt die soziale Schicht – oben sind Priester und Gelehrte, unten die Hilfskräfte und noch weiter unten die sogenannten Unberührbaren oder Unreinen. Gandhis Familie gehört der dritten von vier Kasten an, ist also recht hoch angesehen.

Mit sieben Jahren wird Gandhi verlobt, und mit 13 Jahren heiratet er das gleichaltrige Mädchen Kasturbai. Auch gegen die Kinderehe protestiert Gandhi übrigens, er hält sie schlicht für Unsinn. Gandhi will zum Studieren nach England, obwohl seine religiöse Mutter Angst hat, dass er dort Fleisch essen, Alkohol trinken oder Sex haben könnte. Niemand aus seiner Kaste ist bisher ins Ausland gereist, deshalb wird er aus der Kaste ausgeschlossen. Gandhi geht trotzdem. Er studiert Rechtswissenschaften, beschäftigt sich mit anderen Religionen und setzt sich für mehr Verständigung ein.

Danach zieht er nach Südafrika, wo er aufgrund seiner Hautfarbe diskriminiert wird. Er wehrt sich, schreibt Artikel, hält Vorträge und kämpft für Gleichberechtigung. Er muss sogar ins Gefängnis. Als er zurück nach Indien kommt, sieht er auch dort die Ungerechtigkeit. Die Inder werden von den britischen Herrschern unterdrückt, und das Kastensystem macht den Menschen das Leben schwer. Gandhi setzt sich für Gerechtigkeit ein – und muss erneut ins Gefängnis. Sein friedlicher Kampf begeistert die Massen. Am 15. August 1947 wird Indien tatsächlich unabhängig, allerdings geteilt in das muslimische Pakistan und das hinduistische Indien, Gandhis Traum von der Verständigung der Religionen wird nicht wahr. Ein halbes Jahr später wird er von einem fanatischen Hindu erschossen.

2. OKTOBER 1869 IN PORBANDAR, INDIEN – 30. JANUAR 1948 IN NEU-DELHI, INDIEN

KARL DER GROSSE

EIN KAISER AUF EROBERUNGSZUG

Mächtige Menschen haben früher eigenwillige Beinamen. Ob Karl der Dicke oder Ludwig der Faule zufrieden gewesen sind mit ihren Namenszusätzen? Als Karl in Aachen geboren wird, gibt es Deutschland noch nicht. Das Fränkische Reich der Karolinger steigt unter Karls Urgroßvater Pippin zur größten Macht auf – und vor allem Karls späteren Kriegszügen ist es zu verdanken, dass das Fränkische Vielvölkerreich um 800 West- und Zentraleuropa beherrscht, zudem noch einen Großteil Italiens. Man kann davon ausgehen, dass Karl seinen Beinamen »der Große« passend findet.

Über seine Kindheit ist so gut wie nichts bekannt. Was heute als sicher gilt, ist Karls Freude am Krieg. Mit großer militärischer Entschlossenheit und im Glauben, der Kirche zu dienen, schickt er seine hochgerüsteten Krieger los, um Städte, Länder und Menschen zu unterwerfen. Offiziell werden die Völker aus religiösen Gründen erobert, wie zum Beispiel die Sachsen, denen er den christlichen Glauben beibringen will. Das war zu der Zeit durchaus üblich, heutzutage blickt man etwas kritischer auf diese Haltung: Ob es nicht vielleicht einfach nur eine Ausrede ist? Zu Weihnachten 800 lässt sich Karl vom Papst in Rom zum Kaiser des Weströmischen Reiches krönen und beginnt, Aachen zur Hauptstadt auszubauen, was man im byzantinischen Reich im Osten Europas ziemlich unverschämt findet, denn dort gibt es schon einen Kaiser – und der will die Vormacht in Europa haben.

Eine große Rolle spielt Karl aber auch für die Entwicklung der deutschen Sprache. Die »theodisca lingua«, was auf Lateinisch so viel bedeutet wie die »Sprache des Volkes« wird nach dem Willen Karls die amtliche Bezeichnung für die fränkische Volkssprache und alle germanischen Dialekte. Langsam beginnt damit auch die Entwicklung des Deutschen als Schriftsprache, denn bis dahin wird alles Schriftliche nur auf Latein festgehalten. Aus »theodisca« entwickelt sich später das Wort »deutsch«. Viele meinen, Karl ist der Wegbereiter der deutschen Sprache.

Karl ist ein kräftiger Mann, in den letzten Jahren seines Lebens ist er jedoch häufiger krank. Mit hohem Fieber und starken Schmerzen in der Seite stirbt Karl schließlich mit 71. Vermutet wird, dass eine Rippenfellentzündung die Ursache ist. Fast ein halbes Jahrhundert Regentschaft geht zu Ende, und er ernennt seinen Sohn Ludwig zum Nachfolger.

2. APRIL 747 IN AACHEN – 28. JANUAR 814 IN AACHEN

ROBBY NAISH

BOARD-BASTLER UND WINDSURF-LEGENDE

Auf Hawaii spielt das Meer eine besondere Rolle, und Surfen gehört zum Leben wie Essen und Schlafen. Wer auf Hawaii Urlaub macht, liebt das Meer. Wer hier geboren wird, ist davon besessen. »Es gibt es nichts Besseres, als die Kraft der Wellen und des Windes zu nutzen«, sagt Robby Naish, der beste Windsurfer der Welt. Er wächst auf der hawaiianischen Insel O'ahu auf und beginnt schon mit acht Jahren mit dem Surfen. Bereits sein Vater Rick ist in diesen jungen Sport vernarrt.

Robby ist richtig begabt. So begabt, dass er bereits mit 13 Jahren zum ersten Mal Weltmeister wird. Dazu kommen im Laufe seines Lebens 20 weitere WM-Titel. Bei den ersten vier ist er noch Amateur und verdient kein Geld. Nur Amateure, also Hobby-Sportler, dürfen zu Olympia – und das will er unbedingt. Robby ist nicht nur ein grandioser Windsurfer, er erfindet auch spektakuläre Elemente und Sprünge, die bisher noch niemand gemacht hat. Seine Variante, bei der man plötzlich über Wellen springt und mit hoher Geschwindigkeit über das Wasser rast, funktioniert am besten mit einem von ihm entwickelten kurzen Funboard. Das Tüfteln an der Windsurf-Ausrüstung wird Robbys zweite Leidenschaft, auch das transparente »Fenster« im Segel ist seine Idee. Der waghalsige Robby wird zur Windsurf-Legende – bis er das Kite-Surfen für sich entdeckt. Dabei wird der Surfer von einem Lenkdrachen gezogen. Mit bis zu 70 Stundenkilometern jagt Robby über die Wellen, zieht waghalsige Sprünge wie Big-Air-Jumps, Flip-Tricks oder Raleys durch und fliegt sekundenlang durch die Luft. Auch in dieser Sportart wird er einer der ganz Großen. Später dann findet er zum ruhigeren Stand-Up-Paddling, bei dem man auf einem Board steht und sich mit einem Paddel fortbewegt. Das Basteln an den Boards macht Robby nebenbei zu seinem Beruf, und mit seinem Unternehmen Nalu Kai Incorporated verdient er viel Geld. Er schreibt Bücher, hält Vorträge, setzt sich für das Windsurfen als Sportart ein und ist das Vorbild vieler Surfer, darunter der Deutsche Philip Köster, vierfacher Windsurf-Weltmeister. Am liebsten aber verbringt er Zeit am Strand auf Hawaii, mit seinen beiden Töchtern, oder auf dem Wasser, denn »das Meer erfüllt mich mit tiefer Ruhe.« Das sagt er in einem Interview mit dem Magazin GQ. Und: »Jeder Tag auf dem Wasser ist ein guter Tag.«

23. APRIL 1963 IN LA JOLLA, HAWAII, USA

PABLO PICASSO

MALER DER MODERNE

Der Name Picasso steht für Künstler wie Tempo für Taschentücher oder Tesa für Klebestreifen. Pablo ist der berühmteste moderne Maler der Welt, aber nicht jeder, der ihn kennt, versteht seine Bilder. Sein Name steht auch für waghalsige Experimente in der Kunst. Das haben auch schon andere vor ihm gemacht, aber dass reines Abbilden von realen Dingen noch keine Kunst ist, vemitteln vor allem die Arbeiten von Pablo Picasso.

Pablo kommt in Spanien zur Welt, sein Vater ist Maler und Kunstlehrer. Schon als kleiner Junge lernt Pablo verschiedene Techniken, und bereits mit neun Jahren stellt er sein erstes Ölgemälde fertig. Mit 14 wird er an der Kunstakademie in Barcelona angenommen. Er malt und lernt andere Künstler kennen, reist viel und oft nach Paris, schließt Freundschaften fürs Leben. Vor allem Pablos spätere Beziehung zu dem älteren und berühmteren Henri Matisse ist ihm wichtig. Wenn es um die Liebe geht, ist Pablo allerdings ziemlich verwegen. Er hat viele Beziehungen zu Frauen, manche auch nebeneinander. Einige heiratet er, andere bleiben seine Geliebte. Er bekommt vier Kinder mit drei Frauen.

Pablos künstlerisches Schaffen wird in mehrere Phasen unterteilt. Seine Blaue Periode beginnt mit einem Bild seines Freundes Casagema, der sich aus Liebeskummer das Leben genommen hat. Traurige, düstere und nachdenkliche Bilder entstehen in dieser Zeit. In der Rosa Periode sind es eher heitere Bilder mit lustigen Harlekins und Akrobaten. Das berühmte Bild Les Demoiselles d'Avignon zeigt eine Gruppe nackter Frauen, die merkwürdig eckig aussehen, und die einen ganz neuen Stil einleiten, den Kubismus, den Pablo mit seinem Freund George Braque entwickelt. Der Effekt ist spannend und verwirrend, weshalb es anfangs von vielen Menschen abgelehnt wird. Die meisten von ihnen lieben vor allem Pablos Stierkampf-Motive. Ärger gibt es wieder mit seinen späten Zeichnungen mit ihren Sex-Szenen und wilden Formen. Aber Pablo ist seiner Zeit einfach voraus: Er produziert um die 50.000 Kunstwerke!

Eines der bekanntesten ist »Guernica«, ein riesiges Wandbild, das er 1937 als Reaktion auf die Zerstörung der spanischen Stadt Guernica malt, und das eine deutliche Anklage gegen den Krieg ist. Die Nachbildung des Gemäldes ist heute in einem Museum in Madrid zu sehen und berührt immer noch viele Menschen.

25. OKTOBER 1881 IN MÁLAGA, SPANIEN – 8. APRIL 1973 IN MOUGINS, FRANKREICH

KARL LAGERFELD

MODESCHÖPFER UND POPSTAR

Weiß gepuderter Zopf, hoher Kragen, dunkle Sonnenbrille – Karl ist nicht nur leicht erkennbar, er ist das Sinnbild des Modeschöpfers, eine Ikone. In Frankreich werden sogar Lagerfeld-Playmobil-Figuren verkauft! Berühmt ist auch seine Katze Choupette, die einen eigenen Twitter-Account besitzt. Trotz seiner Beliebtheit sagt Karl aber: »Ich habe immer das Gefühl, irgendwie gehöre ich nicht dazu.«

Geboren wird Karl in Hamburg, seine Eltern besitzen eine Kondensmilch-Fabrik. Sie sind ziemlich reich. Vater und Mutter sprechen Französisch, wenn der kleine Karl sie nicht verstehen soll, aber der lernt sehr schnell. Mit sechs kann er Deutsch, Englisch und Französisch. In der Schule nervt er seine Lehrer, weil er alles besser weiß. Die Schule interessiert ihn aber nicht sonderlich, auch wenn er ein Leben lang lernt, und sich für Literatur und Philosophie interessiert. Als alter Mann sagt er in Interviews, 200.000 Bücher zu besitzen. Karl zeichnet wunderschön, er hört viel Musik, liebt Papier – und hasst bis heute Computer oder Smartphones, auch wenn er sie natürlich benutzt.
Als er 15 ist, geht er nach Paris, und schon ein Jahr später beginnt seine Mode-Karriere, als er mit dem Entwurf eines Mantels den Wettbewerb einer internationalen Mode-Organisation gewinnt. Er beginnt eine Ausbildung als Schneider, arbeitet dann für alle großen Mode-Label wie Chloè, Chanel oder Fendi und kreiert eigene Modelinien. Karl wird zu einem der berühmtesten Designer aller Zeiten, begabt, fleißig, ehrgeizig und vielleicht ein kleines bisschen verbissen. Er genießt zwar schöne Dinge und gutes Essen, aber statt Champagner oder Wein mag er lieber Cola light. Die erste Coca Cola trinkt er bereits 1949 in Hamburg, nachdem er vorher bei einer Modenschau von Christian Dior im Hotel Esplanade war.
Über Liebe spricht er nicht gern, eher über Menschen, die ihm wichtig sind. Seine Weggefährten, Freunde, Mitarbeiter, Models und Leute, die ihn beeindrucken.
Karl Lagerfeld hat viele lustige, freche Sachen gesagt, deswegen lieben die Leute Interviews mit ihm. Von ihm stammt der Spruch: »Langeweile ist ein Verbrechen.« Aber Karl ist ein außergewöhnlich ehrlicher Mensch, er sieht die Dinge, wie sie wirklich sind. Über sich selbst sagt er: »Ich finde mich stinknormal, aber ich weiß vielleicht nicht, was normal ist.«

10. SEPTEMBER 1933 IN HAMBURG

Karl Lagerfeld
KARL SAYS
TRÈS CHIC

LUDWIG VAN BEETHOVEN

ERSCHAFFER GROSSARTIGER MUSIK

Gehört oder selbst gesungen hat es fast jeder schon mal: »Freude schöner Götterfunken …« So beginnt der vierte Satz der 9. Sinfonie von Ludwig van Beethoven, die »Ode an die Freude«. Die Ernsthaftigkeit und der dramatische Aufbau seiner Werke prägen den Stil Ludwigs. Als Mensch scheint er ein eher schwieriger Typ gewesen zu sein.

Ludwig wird in eine Musikerfamilie hineingeboren. Seine Familie ist wohlhabend, gebildet und gesellschaftlich von hohem Rang, aber die Mutter stirbt früh. Der Vater ist ein unberechenbarer Mensch und abhängig vom Alkohol, sodass Ludwig bereits mit etwa 18 Jahren kurzfristig die Fürsorge für seine jüngeren Geschwister übernehmen muss.
Schon als kleiner Junge erhält Ludwig neben der Schule Musikunterricht von seinem Vater und dessen Kollegen an der Hofkapelle, aber harmonisch ist das trotz der großen Begabung Ludwigs nicht. Der Vater neigt zu Wutausbrüchen und zur Gewalttätigkeit. Ludwig lernt unter anderem Gesang, Klavier, Violine und Komposition. Schon mit zwölf Jahren wird Ludwig zum Stellvertreter des Hoforganisten an der Orgel ernannt, mit Anfang Zwanzig ist er Organist und Bratschist der Bonner Hofkapelle. Um sich weiterzuentwickeln, muss er jedoch noch mehr lernen, zum Beispiel von Joseph Haydn, dem berühmten Komponisten der Wiener Klassik. Der bietet Ludwig einen Studienaufenthalt in Wien an. Zum Glück lernt der junge Beethoven reiche und mächtige Menschen kennen und kann sie als Förderer für sich gewinnen. In Wien komponiert Ludwig Klaviersonaten, später dann Streichquartette, Sinfonien, Opern. Ludwig wird zum erfolgreichsten Komponisten der Wiener Klassik.
Bei Konzerten begeistert er sein Publikum vor allem durch seine Fähigkeiten beim freien Improvisieren am Klavier, also dem Fantasiespiel.
Nicht alles läuft so glatt. Da ist zum einen die unglückliche Liebe: 1812 schreibt er einen Brief an die »Unsterbliche Geliebte« – bis heute weiß man nicht, wer sie ist. Die große Tragödie in Ludwigs Leben ist seine schleichende Taubheit. 1801 schreibt er: »Seit zwei Jahren fast meide ich alle Gesellschaften, weil's mir nun nicht möglich ist, den Leuten zu sagen: ich bin taub …ein schrecklicher Zustand.« Ludwig komponiert einen Großteil seiner Werke als Gehörloser.

17. DEZEMBER 1770 (TAUFTAG) IN BONN – 26. MÄRZ 1827 IN WIEN, ÖSTERREICH

MUHAMMAD ALI

BESTER BOXER UND GRÖSSTER ANGEBER

Muhammad Ali ist ein echtes Großmaul. Er ist der erfolgreichste Boxer aller Zeiten, aber seine Berühmtheit verdankt er auch seiner großen Klappe. Den großen Boxer Joe Frazier bezeichnet er als »so hässlich, dass seine Tränen beim Weinen nach oben krabbeln und über den Hinterkopf laufen.« Nach seinem Sieg über Sonny Liston schreit er: »Ich bin der König der Welt, ich bin der Größte!« Seine Fans feiern ihn dafür, vor allem die Afroamerikaner lieben »ihren« Ali und sein Selbstbewusstsein.

Boxer wird Cassius Clay, wie Muhammad Ali ursprünglich heißt, weil jemand ihm als Zwölfjähriger sein Fahrrad gestohlen hat und er den Dieb verhauen will. Das erzählt jedenfalls sein Entdecker und späterer Trainer Joe Martin. Der erkennt das Talent des jungen Boxers. Statt in der Schule zu lernen, arbeitet Ali an seiner Box-Technik. Intelligent, wendig, leichtfüßig tänzelt er um den Gegner herum, lässt dessen Schläge ins Leere laufen und greift im richtigen Moment an. Er gewinnt praktisch jeden Kampf! Mit 18 wird Ali Olympiasieger im Halbschwergewicht und anschließend Profiboxer.
Er haut nicht nur seine Gegner zusammen, sondern auch ordentlich auf den Putz.
1964 wird aus Cassius Clay Muhammad Ali, er wird Mitglied in der Nation of Islam, eine religiös-politische Organisation schwarzer US-Amerikaner. Später tritt er dem sunnitischen Islam bei. Ali kämpft immer auch um Anerkennung. Dabei legt er sich nicht nur mit seinen Box-Gegnern an. Als er sich weigert, zum Militär zu gehen, aus Gründen des Glaubens und aus Protest gegen die Diskriminierung von Afroamerikanern, wird ihm 1967 der Weltmeistertitel aberkannt, außerdem jahrelang die Boxlizenz entzogen.
Der wahrscheinlich legendärste Kampf der Box-Geschichte findet am 30. Oktober 1974 in Kinshasa (früher Zaire, heute Kongo) statt. Unter dem Motto »Rumble in the Jungle« (Schlägerei im Dschungel) besiegt Ali den amerikanischen Schwergewichtsboxer George Foreman in der 8. Runde durch K.O.
Ali erkrankt an Parkinson, auch Schüttelkrankheit genannt, möglicherweise eine Nebenwirkung der Schläge, die er einstecken muss. Als er sich mit 36 Jahren offiziell vom Profi-Boxsport zurückzieht, zittern ihm bereits die Hände und seine Aussprache ist von der Nervenkrankheit geprägt. Ali kann nun nicht mehr schreien, aber er wird immer noch gehört, K.O. ist er noch lange nicht.

17. JANUAR 1942 IN LOUISVILLE, KENTUCKY, USA – 3. JUNI 2016 IN SCOTTSDALE, ARIZONA, USA

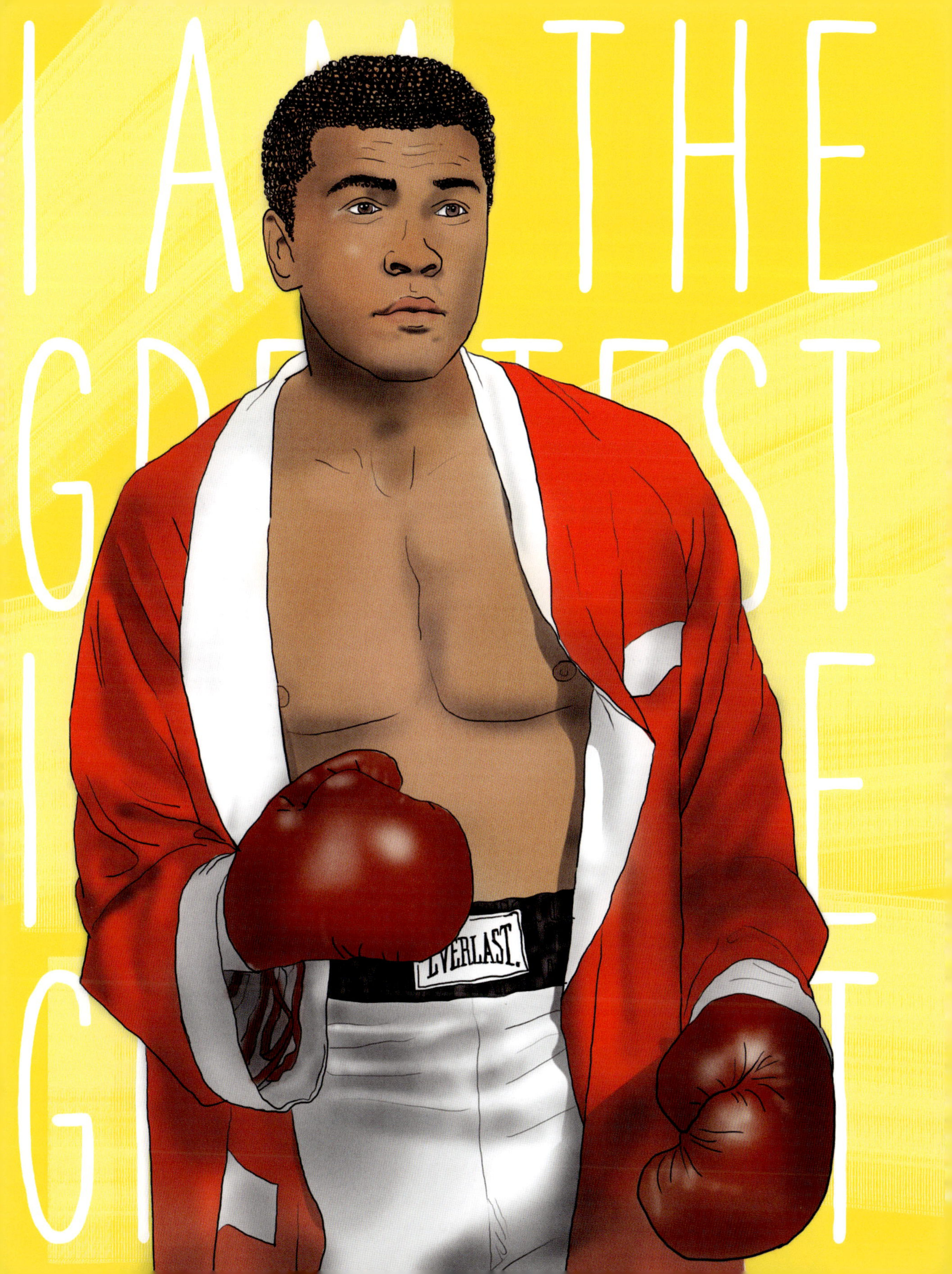
I AM THE GREATEST
I AM THE GREATEST
EVERLAST

ROLAND EMMERICH

MEISTER DER ZERSTÖRUNG

Katastrophen sind seine Spezialität. Nicht im wahren Leben, davon ist Roland zum Glück verschont geblieben. Aber in seinen berühmten Filmen bleibt kein Stein auf dem anderen. »Independance Day«, »Godzilla« oder »The Day After Tomorrow« zählen zu den bekanntesten und erfolgreichsten Hollywood-Actionfilmen aller Zeiten. Wie kommt Roland dort hin?

Roland geht nach dem Abi an die Hochschule für Film und Fernsehen in München. Während die anderen Studenten sich den Prinzipien des »Neuen Deutschen Films« verschrieben haben und eher kleine, feine Streifen drehen, träumt Roland von fetten Blockbustern mit ordentlich Wums, bei denen den Zuschauern Hören und Sehen vergeht. Er ist begeistert von Filmen wie »Star Wars« und stürzt sich auf Science-Fiction-Filme. Er liebt alles Außerirdische – obwohl er im wirklichen Leben nicht daran glaubt.

Umgerechnet eine Million Euro kostet am Ende Rolands aufwändiger Abschlussfilm »Das Arche Noah Prinzip«. Seine Professoren sind irritiert, aber der Film wird tatsächlich ein Kino-Erfolg. Voller Energie macht Roland weiter, dreht in Deutschland Filme mit fantastischen Spezialeffekten. Als Amerikas Filmindustrie auf ihn aufmerksam wird, kann er endlich in Hollywood zeigen, was er drauf hat. Er produziert seine aufwändigen Science-Fiction-Streifen, aber auch andere Filme, darunter »Anonymus«, in dem es um den englischen Bühnenautor William Shakespeare aus dem 16. Jahrhundert geht – ein großes Intrigendrama mit prachtvollen Kulissen. Er erhält zahlreiche Auszeichnungen und gehört zu den wenigen Deutschen, die in Hollywood eine Traumkarriere machen konnten und dort viele Freunde haben.

Rolands enge Vertraute und Verbündete ist seine Schwester Ute, die viele seiner Filme mit produziert hat. Er lebt hauptsächlich in Los Angeles und hat 2017 seinen langjährigen Partner geheiratet. Er würde gern mehr schwule Helden in seinen Filmen unterbringen, fürchtet aber, dass das nicht so gut ankommen könnte beim Publikum, vor allem dem amerikanischen. Welche Projekte kommen als nächste? Roland arbeitet an einigen Ideen. Aber sein amerikanisch-kanadischer Katastrophen-Film »2012« aus dem Jahr 2009 soll sein letztes »Desaster-Movie« sein, denn: »Das ist die Mutter aller Zerstörungsfilme, mit Effekten, wie man sie noch nie gesehen hat. Ich wüsste wirklich nicht, was ich danach noch zerstören sollte.«

10. NOVEMBER 1955 IN STUTTGART

MARCO POLO

REIST IM MITTELALTER BIS NACH CHINA

Marco Polo, Sohn einer Kaufmannsfamilie in Venedig, reist im späten Mittelalter bis China und in die Mongolei. Seine Reisen dauern mehrere Jahre. Marco ist sein halbes Leben unterwegs! Dazu muss man wissen, dass Reisen zu Marcos Zeiten völlig unüblich waren. Normale Menschen verreisen überhaupt nicht, reiche Kaufleute nur, wenn sie müssen. Es ist gefährlich und mühsam, und wer fremde Länder besuchen will, muss deren Sprache lernen, um sich zu verständigen.

Als Marco noch ein Kind ist, reisen sein Vater und sein Onkel nach Asien, um dort entlang der sogenannten Seidenstraße, einer berühmten Handelsroute, Edelsteine zu verkaufen. Weil es dort zahlreiche Kriege gibt, können sie jahrelang nicht zurück in ihre Heimat. Sie landen schließlich bei dem berühmten mongolischen Herrscher Kublai Khan. Der gibt ihnen eine Botschaft mit für den Papst, die die beiden Männer nach ihrer Rückkehr abliefern sollen. Der Kublai Khan will vom Papst gesalbtes Öl aus dem Jesusgrab in Jerusalem haben.
Dummerweise ist der Papst aber gestorben, als sie zurückkommen, und einen neuen gibt es noch nicht. Zusammen mit dem 17-jährigen Marco brechen sein Vater Niccolò und sein Onkel 1271 in Richtung Jerusalem auf. Dort erhalten sie das Öl aus der Lampe des Heiligen Grabes, mit dem sie in Richtung China reisen. Aber unterwegs lässt der neu gewählte Papst sie wieder umdrehen, um ihnen einen Brief für den Kublai Khan mitzugeben. Nach vier Jahren erreichen die drei schließlich in Schangdu den mongolischen Herrscher. Kublais Reich ist riesengroß.16 Jahre verbringt Marco dort. Als er zurückreist, ist er in Begleitung einer mongolischen Prinzessin, die einen persischen Herrscher heiraten soll. Marco selbst findet später in Venedig eine Frau und bekommt drei Töchter. Als Marco in Venedig ankommt, kennt ihn dort niemand mehr. Er wird zunächst Kaufmann wie sein Vater, nimmt dann aber an einem Seekrieg zwischen Venedig und Genua teil und gerät in Gefangenschaft. Dort diktiert er einem Mithäftling seinen Reisebericht, den er später in Freiheit veröffentlicht. Das Buch wird sehr berühmt. Die Menschen sind begeistert von den Beschreibungen dieser fremden Welt. Aber einige halten Marco Polo für einen Wichtigtuer und Lügner. Heute sind die meisten Forscher der Meinung, dass die Berichte stimmen.

1254 IN VENEDIG, ITALIEN - 8. JANUAR 1324 IN VENEDIG, ITALIEN

KUEN-LUN
KASHMIR
T I B E T

NELSON MANDELA

KÄMPFER FÜR DIE FREIHEIT SÜDAFRIKAS

Um Nelsons Kampf für die Freiheit zu verstehen, muss man sich das Südafrika seiner Zeit ansehen. 1948 wird dort die »Apartheid« eingeführt, das bedeutet »Getrenntheit«. Mit dem Gesetz der Unterdrückung will sich die ursprünglich vor allem aus Holland stammende Bevölkerungsgruppe die Ureinwohner des Landes vom Hals halten. Schwarze werden schon lange benachteiligt, aber jetzt müssen sie eine Bescheinigung bei sich tragen, auf der ihre Rassenzugehörigkeit steht. Schwarze dürfen vieles nicht.

Als er in seinem Heimatdorf geboren wird, nennen ihn seine Eltern Rolihlahla, erst in der Schule bekommt er den Namen Nelson. Seine Familie gehört zu einem Königshaus der Xhosa. Nelson wächst mit den Ritualen seines Stammes und der Natur auf, er hütet schon als Kind Tiere und fängt Fische. Später geht er auf ein Internat, dann aufs College und auf eine Hochschule und studiert dort unter anderem »Eingeborenenrecht«. Nelson wird dort klar, dass er als Schwarzer zu einer unterdrückten Völkergruppe gehört, und er kämpft gegen Ungerechtigkeit an der Uni. Am Ende muss er fliehen – und arbeitet erst als Wachmann, dann in einem Anwaltsbüro in Johannesburg. Nebenbei studiert er. Er tritt dem ANC bei, dem Afrikanischen National Kongress, der für gleiche Rechte für Schwarze kämpft. Es beginnt eine Zeit politischer Arbeit, die aber in dem Land zu der Zeit sehr gefährlich ist, vor allem als der ANC verboten wird, die Aktionen aber trotzdem weitergehen. Nelson wird mehrmals verhaftet und lebt unter Tarnnamen im Untergrund. Der Protest in Form von Streiks oder Demonstrationen ist größtenteils gewaltfrei, aber Nelson findet, dass man sich schon wehren darf, wenn man angegriffen wird. 1962 kommt er ins Gefängnis – und bleibt mit ein paar kleinen Unterbrechungen fast 30 Jahre lang eingesperrt! Irgendwann bietet man an ihn freizulassen, wenn der ANC aufhört zu kämpfen. Aber Nelson lehnt ab. Während seiner Haftzeit wird er zur Kultfigur, der Song »Free Nelson Mandela« wird zum Hit, es gibt überall auf der Welt Proteste gegen das Apartheid-Regime.

Ein neuer Staatschef, Frederik de Klerk, entlässt Nelson aus der Haft und hebt das Verbot des ANC auf. De Klerk und Nelson Mandela erhalten 1993 den Friedensnobelpreis. Nachdem der ANC die ersten demokratischen Wahlen in Südafrika gewinnt, wird Nelson Mandela Präsident des Landes.

18. JULI 1918 IN MVEZO, TRANSKEI, SÜDAFRIKA – 5. DEZEMBER 2013 IN JOHANNESBURG, SÜDAFRIKA

ROALD AMUNDSEN

ERSTER MENSCH AM SÜDPOL

Der Norweger Roald Amundsen ist der erfolgreiche Entdecker der Arktis und der Antarktis, also von Nordpol und Südpol. Als er vor gut 100 Jahren den Wettlauf gegen den Briten Robert Falcon Scott am Südpol antritt, trifft er im Vorfeld ein paar richtige Entscheidungen – und die betreffen vor allem die Wahl des richtigen Outfits …

Roald bereitet seine Reise akribisch vor und überlegt vor allem ganz genau, was er alles braucht. Gegen die grausame Kälte von bis zu Minus 50 Grad lässt er Anzüge fertigen, wie sie die Eskimos tragen, aus warmen Tierfellen in zwei Schichten. Und statt Ponys und Motorschlitten wie sein Konkurrent Scott verwendet Amundsen Skier und Schlittenhunde. Monatelang sind die Entdecker im ewigen Eis unterwegs, aber Roalds Team schafft es am Ende: Am 14. Dezember 1911 sind sie am südlichsten Punkt der Erde. Scott hingegen kommt zu spät an – und erfriert mit seinen Leuten auf dem Rückweg zum Schiff.

Roald wird ein berühmter Mann, was seine Eltern – die als junge Leute selbst bis nach China gereist sind – vielleicht schon ahnen: Roald heißt »Der Ruhmvolle«. Bereits als Kind will Roald die Polargebiete erobern. Er ist ziemlich schlecht in der Schule, weil er ständig irgendwo im Eis herumwandert statt zu lernen. Sein Abitur besteht er 1890 so gerade mit einer Vier als Gesamtnote. Der Mutter zuliebe beginnt er ein Medizinstudium, aber als die dann stirbt, stürzt er sich auf seine wahre Leidenschaft, und das ist die Polarforschung. Er wird Seemann und nimmt an Expeditionen teil. Was ihn auszeichnet, ist seine Beharrlichkeit. Er gibt nie auf!

Der ruhmvolle Roald wird ein sehr guter Kapitän und Forscher, der nach der Antarktis-Reise noch viele Expeditionen leitet. Er durchquert als erster die Nordostpassage – eine sehr schwierige Schiffsroute durch die Arktis. Später schreibt er Artikel und Bücher, hält viele Vorträge. Ohne seinen Mut und seine Abenteuerlust hätten wir viele wichtige Erkenntnisse über die Welt nicht bekommen. Und er beschäftigt sich mit der Luftfahrt, die damals noch in den Kinderschuhen steckt. 1926 fliegt Amundsen mit einem Luftschiff über die Arktis. Zwei Jahre später, er ist gerade auf einer Rettungsexpedition für einen anderen Forscher, der in Not geraten ist, stürzt er mit einem Flugzeug ab und kommt ums Leben.

16. JULI 1872 IN BORGE, NORWEGEN – JUNI 1928, NAHE DER BÄRENINSEL

OSKAR SCHINDLER

RETTET 1200 MENSCHEN VOR DER ERMORDUNG

Als Oskar geboren wird, ist Wilhelm II. deutscher Kaiser. Und der sagt: Wer sein Kind liebt, der züchtigt es. Eltern befehlen, Kinder gehorchen. Oskar aber macht schon als Kind, was er will, und das ist vor allem Unsinn. Weil er auch nicht gern in die Kirche geht, kriegt er oft Ärger. Sogar der reiche Vater von Emilie, die er später heiratet, findet Oskar zu kindisch und draufgängerisch – was soll denn aus so einem werden? Zu allem Übel ist Oskar auch noch ein begeisterter Motorradfahrer.

Oskar arbeitet erst im Unternehmen des Vaters und wird dann Agent – eine gefährliche Angelegenheit, aus der er nur mit Glück heil wieder herauskommt. Er kauft eine alte Fabrik in der Nähe von Krakau, die Geschirr fürs Militär herstellt. Alles läuft hervorragend, und Oskar genießt das Leben als gutaussehender, wohlhabender Mann, der gern feiert und den alle toll finden. Aber es ist Krieg. Der Zweite Weltkrieg bringt ihm einerseits viele Aufträge, denn die Armee braucht sein Geschirr, zudem produziert Oskars Fabrik nun auch Waffen. Andererseits arbeiten bei ihm Hunderte Juden aus dem Krakauer Ghetto. Ghetto, das ist ein Teil der Stadt, in den man Menschen jüdischen Glaubens einfach einsperrt. Die Nationalsozialisten unter Adolf Hitler haben zu der Zeit in Deutschland und den besetzten Gebieten Menschen jüdischen Glaubens alle Rechte abgesprochen, sie verfolgt, eingesperrt und getötet. Es ist eine schreckliche Zeit – und Oskar hasst die Nazis, wie die Nationalsozialisten genannt werden. Er nimmt sich vor, so viele Juden wie möglich vor ihnen zu retten. Das macht er, indem er sie in seiner Fabrik beschäftigt. Die meisten von ihnen leben unter schlimmen Bedingungen in Lagern – und müssen ohne Lohn in Fabriken arbeiten wie Sklaven. Bei Oskar werden die Menschen gut behandelt, sie bekommen dort auch zu essen. Nur muss Oskar viele Tricks anwenden, damit ihm die Nazis nicht auf die Schliche kommen. So freundet er sich zum Schein mit dem brutalen Lagerkommandanten Amon Göth an.
Am Ende schafft es Oskar, dass keiner seiner Arbeiter in ein Vernichtungslager gebracht wird – fast ein Wunder. Seine Liste wird später bekannt als »Schindlers Liste«. Die Juden auf der ganzen Welt sind Oskar Schindler dankbar. »Wer nur ein einziges Leben rettet, rettet die ganze Welt« – einen Ring mit diesem Spruch geben die von ihm geretteten Juden Oskar Schindler später als Geschenk.

28. APRIL 1908 IN ZWITTAU, DAMALS ÖSTERREICH-UNGARN – 9. OKTOBER 1974 IN HILDESHEIM

Perlberger Moses
Kujawsky Jankiel
Milogrom
Starzycki
Reich Emil

RUDOLF NUREJEW

DER WILDE STAR DES KLASSISCHEN BALLETTS

Rudolf hat schon als Kind eine unbändige Freude am Tanzen. Ballett ist eigentlich in Russland beliebter als in den meisten Ländern der Welt. Sein Vater aber hasst es. »Er hat mich immer verhauen!«, erzählt Rudolf in einem Interview. Seinen ersten »Auftritt« hat der kleine Rudolf schon bei seiner Geburt, denn er erblickt nicht im Krankenhaus oder zu Hause das Licht der Welt, sondern in der Transsibirischen Eisenbahn. Seine Mutter will ihren Mann bei der Armee besuchen, als die Wehen einsetzen …

Mit 17 beginnt seine Ausbildung in St. Petersburg. Rudolf ist ein begabter Schüler, doch es nervt ihn, dass er mit den Kleinen anfangen muss, die teilweise vier Jahre jünger sind als er und – noch schlimmer – technisch sogar besser. Dabei sind seine tänzerischen Leistungen hervorragend, bei den anderen eckt er eher wegen seiner groben Sprache, seiner Aufsässigkeit und seiner Wutanfälle an. Dennoch schafft er es bis ganz nach oben, wird Solo-Tänzer und für seine Auftritte in den Balletten »Laurentia« und »Le Corsaire« vom Publikum bejubelt. Rudolf wird ein Star, erst in Russland, dann in der ganzen Welt. Dazu muss man wissen, dass Russland zu der Zeit Teil der Sowjetunion ist, in der strenge Regeln für Auslandsreisen herrschen. Nach einem Auftritt in Paris 1961 will Rudolf nicht mehr dorthin zurück und bekommt in Frankreich Asyl – wird dort also als politischer Flüchtling anerkannt und beschützt.

Rudolf schafft es, sich auch im Westen durchzusetzen. Sein Glück ist die Begegnung mit der 19 Jahre älteren englischen »Prima Ballerina Assoluta« – der absolut größten Ballerina – Margot Fonteyn. Die Auftritte mit ihr werden weltweit gefeiert. Einer ihrer Höhepunkte ist 1965 das Ballett »Romeo und Julia« von Prokofjew in London. Das Publikum rastet völlig aus vor Begeisterung und hört 40 Minuten lang nicht auf zu applaudieren!

Rudolfs Hingabe beim Tanzen, seiner Kraft und Konzentration kann man sich nicht entziehen. Man sagt, er sei ein »Liebling der Götter«, also eine Künstlerpersönlichkeit mit besonderen Fähigkeiten. Privat ist Rudolf aber ein schwieriger Mensch mit einem aufbrausenden und arroganten Wesen. Er ist lange Zeit mit dem dänischen Tänzer Eric Bruhn zusammen. Rudolf steckt sich mit der Immunkrankheit AIDS an, die in den Achtziger Jahren vielen Menschen den Tod bringt. Er stirbt 1992 daran.

17. MÄRZ 1938 IN DER NÄHE VON IRKUTSK, RUSSLAND – 6. JANUAR 1993 IN LEVALLOIS-PERRET, FRANKREICH

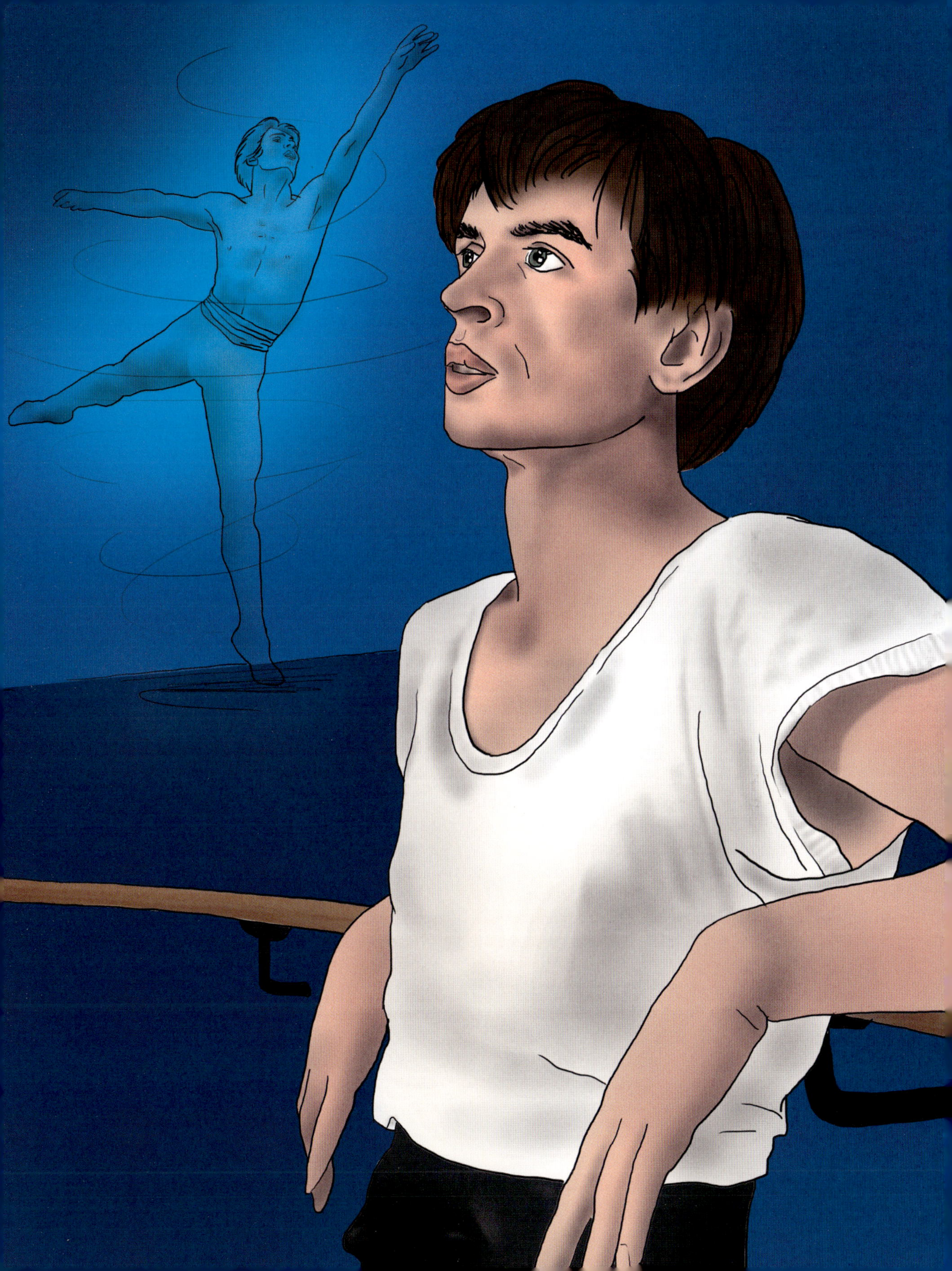

WILLY BRANDT

GEGEN DIE NAZIS UND FÜR VERSTÄNDIGUNG

Die SPD, die Sozialdemokratische Partei Deutschlands, ist für Willy Brandt mehr als eine politische Partei. Sie ist sein Zuhause. Schon als Zwölfjähriger tritt er der Jugendorganisation »Die Falken« bei und verbringt viel Zeit bei den Genossen. Die Verbindung dorthin schafft sein Stief-Großvater, also der zweite Mann seiner Großmutter – der Mensch in seiner chaotischen Familie, der sich um den Jungen kümmert, der eigentlich Herbert heißt. Willy Brandt ist sein Kampfname im Widerstand gegen die Nazis. Aber dazu später.

Schon als Schüler schreibt Willy politische Artikel für Zeitungen. Er will Veränderung, und weil die SPD ihm mutlos erscheint, schließt er sich einer radikaleren Partei an, der SADP, der Sozialistischen Arbeiterpartei Deutschlands. In der Zeit kommt der Nationalsozialist Adolf Hitler an die Macht und macht Deutschland innerhalb weniger Monate zu einer Diktatur. Auch Willys Partei wird verboten, er geht in den Untergrund und flieht schließlich nach Oslo in Norwegen. Von dort und von der schwedischen Hauptstadt Stockholm aus arbeitet er als Journalist und Aktivist für die Befreiung Deutschlands. Erst nach dem Zweiten Weltkrieg kann Willy zurückkehren. Er berichtet für skandinavische Zeitungen über die Prozesse gegen die Nazis und wird wieder politisch aktiv für die SPD. 1957 ist Willy Regierender Bürgermeister von Berlin. Die Stadt liegt mitten in der DDR, der Deutschen Demokratischen Republik, also im östlichen Teil des geteilten Deutschlands. Hauptstadt ist zu der Zeit Bonn ganz im Westen des Landes. Willy leidet unter der Trennung Deutschlands. Als 1961 die Mauer gebaut wird, hält er eine emotionale Rede dagegen. Später wird er Außenminister und 1969 dann Bundeskanzler. Nach dem Kalten Krieg, dem Dauerstreit zwischen der westlichen Welt und den sogenannten Ostblockstaaten, leitet er eine Politik der Entspannung ein. 1970 legt er in Polens Hauptstadt Warschau vor dem Mahnmal des Ghetto-Aufstands einen Kranz für die von Deutschen getöteten Menschen nieder. Dann kniet er sich hin und verharrt so schweigend. Auf der ganzen Welt wird diese Geste als Bitte um Vergebung verstanden. Willy erhält 1971 den Friedensnobelpreis. Aber nicht alle in Deutschland lieben Willy. Als Bundeskanzler muss er schwierige Zeiten bewältigen. Als sein persönlicher Referent als DDR-Spion enttarnt wird, tritt Willy zurück. Bis 1987 bleibt er SPD-Vorsitzender – und bis heute ist er das Vorbild für viele Menschen, darunter nicht nur Sozialdemokraten.

18. DEZEMBER 1913 IN LÜBECK – 8. OKTOBER 1992 IN UNKEL

WOLFGANG AMADEUS MOZART

WUNDERKIND DER MUSIK

Hätte man sein Talent auf alle Musiker eines Orchesters verteilt, wäre wahrscheinlich noch jeder einzelne von ihnen ein Star geworden. Aber »Wolferl« hat die gesamte Hochbegabung allein abbekommen. Was hat er daraus gemacht? Die vielleicht schönste Musik der Welt geschaffen! Wer klassische Musik hört oder selbst ein Instrument spielt, kennt seine berühmten Werke »Die kleine Nachtmusik« oder »Die Zauberflöte«. Als Mensch ist Wolferl ein hyperaktiver, eitler, liebenswerter Chaot.

Mit vier Jahren geht es für ihn los mit dem Musikunterricht. Der Vater ist selbst Musiker und ein strenger Lehrer. Klavier und Geige muss Wolferl lernen, ebenso wie Nannerl, seine fünf Jahre ältere Schwester. Die Erwachsenen staunen. Mit sechs Jahren hat der Salzburger Bub seinen ersten Auftritt – und von da an ist er ein Superstar. Die Eltern reisen mit ihm herum, damit er vor den wichtigsten Menschen spielen kann. Eine seiner Tourneen dauert drei Jahre! Schon mit elf komponiert Wolferl eine Schul-Oper, und danach Singspiele, Symphonien, Opern – über 600 Werke im Laufe seines Lebens.
Auf einer der Reisen werden Nannerl und Wolferl sehr krank. Die Pocken-Epidemie hat Europa im Griff, eine Seuche, an der viele sterben. Aber die Mozart-Kinder werden wieder gesund. In die Schule geht Wolferl übrigens nicht, dafür hat er keine Zeit. Der Vater unterrichtet ihn, bringt ihm lesen, schreiben und rechnen bei. Und Wolferl liebt die Mathematik. Außerdem lernt er einige Sprachen. Die meisten seiner Opern hat er auf Italienisch geschrieben.
Obwohl er so erfolgreich als freier Musiker ist, arbeitet Wolfgang immer wieder als Musiklehrer und einige Jahre lang als Konzertmeister der Salzburger Hofkapelle. Doch richtig glücklich ist er nur, wenn er unterwegs ist, komponiert und seine Opern aufführt. Das Publikum liegt ihm zu Füßen, jedenfalls meistens. Von seinen anspruchsvollen Stücken in späteren Jahren wird es manchmal ein bisschen überfordert. Sogar die Oper »Così fan tutte«, die heute als Meisterwerk gilt, kommt nicht so gut an. Wolfgang heiratet 1782 Constanze Weber, mit der er sechs Kinder bekommt. Seine Frau unterstützt ihn, obwohl das Leben mit Wolfgang nicht gemütlich ist, sondern geprägt von Reisen, Umzügen, Unsicherheit und Geldknappheit. Mit gerade mal 36 Jahren stirbt Wolfgang, man weiß nicht genau, woran …

27. JANUAR 1756 IN SALZBURG, ÖSTERREICH – 5. DEZEMBER 1791 IN WIEN, ÖSTERREICH

WOODY ALLEN

SCHÜCHTERNER KOMIKER UND FILMEMACHER

Woody bekommt viermal den Oscar und wird 24 Mal dafür nominiert. Vor allem seine frühen Filme sind witzig und absurd, das Publikum feiert ihn für seine abgefahrenen Einfälle. In »Der Schläfer« geht er als New Yorker Vegetarier-Koch ins Krankenhaus, wacht erst nach 200 Jahren wieder auf und findet sich in einer Welt wieder, in der man zum Beispiel Sex nur noch mithilfe von Apparaten hat. In seinen Filmen vermischt er gern Märchen und Wirklichkeit wie in »Purple Rose of Cairo« oder »Midnight in Paris«.

Der kleine Woody wächst in einer jüdischen Familie in New York auf und geht zunächst auf eine hebräische Schule. Später wechselt er auf öffentliche Schulen in Brooklyn. Er gilt als aufgeweckter Schüler, macht sich aber nicht mit guten Noten einen Namen als vielmehr mit seiner Begabung als Kartenspieler. Woody übt täglich Klarinette und interessiert sich fürs Kino und fürs Fernsehen. Seine Eltern schicken ihn nach dem Schulabschluss an die Uni, aber Woody schreibt lieber alberne Sachen. Er schafft es, Gags an eine Agentur zu geben, die diese an Zeitungen verkauft. Seine Texte haben so großen Erfolg, dass er zum Drehbuchautor wird. Woody träumt davon, selbst auf der Bühne zu stehen. Aber sein erster Auftritt wird ein Desaster. Was später sein Markenzeichen wird, ist nämlich anfangs ein echtes Problem: seine Schüchternheit. Kaum zu glauben, dass dieser unbeholfene Mann einer der erfolgreichsten Filmemacher aller Zeiten wird. Er erzählt keine lauten Witze, typisch sind zum Beispiel Gespräche zwischen Männern und Frauen, in denen auf witzige Art peinliche und intime Dinge besprochen werden. Er macht sich über Sachen lustig, über die andere nicht mal im Ernst reden wie Sexprobleme, psychische Erkrankungen oder Religion. Privat läuft es nicht so witzig. Seine erste Frau, die er heiratet, als sie erst 16 ist, verklagt ihn später, weil er sich später in seinen Gags gemein über sie äußert. Seine spätere Beziehung zur US-Schauspielerin Mia Farrow endet dramatisch mit Missbrauchsvorwürfen und dem Entzug des Sorgerechts für die gemeinsam adoptierten Kinder. Mit Mias Adoptivtochter Soon-Yi ist Woody seit 1997 verheiratet.

Woody ist ein Arbeitstier, er dreht 50 Filme, schreibt zahlreiche Erzählungen, Theaterstücke und Texte für Zeitungen. Er spielt Klarinette in einer Band und tritt regelmäßig in New York auf. Auch in Deutschland hat er als Musiker viele Fans.

1. DEZEMBER 1935 IN NEW YORK, USA

TONY HAWK

DER WELTBESTE SKATEBOARDER

Wenn du weißt, was Stalefisch, Airwalk, Madonna, Gymnast Plant oder 900 sind, bist du sicher selbst ein Skateboarder. Du rollst mit deinem Board über die Straßen, trainierst wie ein Besessener in der Halfpipe und schaust dir voller Bewunderung die Tricks der Profis an. Vielleicht zockst du eher Skateboard-Games auf der Playstation. Auf jeden Fall kennst du Tony Hawk, den besten Skateboarder aller Zeiten, dessen Tricks noch heute den Zuschauern das Adrenalin in die Adern schießen lässt.

Tony wächst unter der Sonne Kaliforniens in San Diego auf. Die Stadt bietet ideale Voraussetzungen für Skateboarder. Als der intelligente, aber ziemlich hyperaktive Tony mit neun Jahren von seinem Bruder ein Board geschenkt bekommt, atmet seine Familie auf. Das anstrengende Training mit dem rollenden Brett ist für den Abbau von Aggressionen und Frust genau das Richtige. Dass Tony schon mit zwölf Jahren seinen ersten Sponsor an Land zieht, damit hätte allerdings niemand gerechnet. Dogtown Skateboards fördert das junge Talent, das nur zwei Jahre später Profi wird. Mit 16 gilt Tony bereits als einer der besten Skateboarder weltweit!

Über 85 Skateboard-Tricks erfindet er, und sein Halfpipe-Style setzt in der Szene neue Maßstäbe. Er gewinnt 70 Skateboard-Wettbewerbe, darunter zwei bei den Extremsport-Festivals X Games. Tony spielt in Filmen wie »Police Academy« oder »CSI: Miami« mit und gibt einer mega erfolgreichen Computer-Spiel-Reihe seinen Namen: »Tony Hawk's Skateboarding«. Das Üben von Tonys Tricks in der Halfpipe und die Jagd nach neuen Highscores auf der Spielkonsole verbindet die Skateboard-Fans weltweit.

Tony hat dreimal geheiratet und vier Kinder. Sein ältester Sohn Riley ist ebenfalls Skateboarder, und er macht Musik. Auf seinem Instagram-Account sieht man auch Fotos seines Vaters, auf den Riley total stolz ist. Tony setzt sich seit vielen Jahren für die Skaterszene in den USA ein. Mithilfe seiner Stiftung Tony Hawk Foundation konnten schon über 500 Skaterparks eröffnet werden! Für alle Nicht-Skateboarder: Der 900 ist übrigens eine zweieinhalbfache Drehung auf dem Skateboard. Diesen legendären Trick will Tony mit 48 Jahren wiederholen, was er nach unzähligen Versuchen auch schafft. Das Video dazu wird auf Youtube fast 7,5 Millionen Mal aufgerufen …

12. MAI 1968 IN CARLSBAD, KALIFORNIEN, USA

TRACKER
ONY HAWK

MICHAIL GORBATSCHOW

ERMÖGLICHT DIE WIEDERVEREINIGUNG DEUTSCHLANDS

Die Welt ist klar in West und Ost eingeteilt, als Michail im Jahr 1985 Generalsekretär der Kommunistischen Partei in der Sowjetunion wird. Sein Land ist das mächtigste im Warschauer Pakt, der militärischen Gemeinschaft des Ostens. Auch der östliche Teil des damals noch geteilten Deutschlands gehört dazu, also die DDR. Im Westen bildet die NATO eine militärische Allianz, zu ihr gehört die Bundesrepublik Deutschland. Die Spaltung der Welt geht also mitten durch Deutschland.

Als Kind auf dem Land bekommt Michail von der Weltordnung noch nicht viel mit, erst als er in Moskau Jura studiert, interessiert er sich für Politik. Er arbeitet sich hoch, bis er Staatschef wird – und sich erst mal unbeliebt macht, weil er dem Alkoholmissbrauch den Kampf ansagt, denn dieser kostet in der Sowjetunion vielen Menschen das Leben. Doch Wodka wird als Nationalgetränk verherrlicht – und das wollen sich die Russen, Ukrainer, Kasachen und andere Völker in der Sowjetunion nicht verbieten lassen. Viel krasser für die Welt sind Michails politische Veränderungen. Er nennt sie Glasnost und Perestroika – Offenheit und Umgestaltung. Der Westen verbindet damit große Hoffnung, denn die Welt befindet sich im sogenannten Kalten Krieg: West- und Ostmächte kämpfen ohne Waffen, aber sehr aggressiv mit Drohungen und militärischer Aufrüstung gegeneinander. Mit Michail beginnen sich die Beziehungen langsam zu entspannen.

Die Sowjetunion baut ihr Waffenarsenal ab und Michail gibt den einzelnen Regionen ihre Selbstbestimmung zurück. Was den Westen freut, finden viele im Osten nicht gut, denn es gibt viele Aufstände und Revolutionen – bis die Sowjetunion sich am Ende auflöst. Am 25. Dezember 1991 tritt Michail als Präsident zurück. Er ist der Mann, der die Welt verändert und dabei sein Land verloren hat, sagt man. Für die Deutschen wird aufgrund seiner Politik die Vereinigung des geteilten Deutschlands möglich, denn durch ihn fühlen sich die Menschen in der DDR ermutigt, für ihre Freiheit zu kämpfen: Während im Westen jeder reisen kann, wohin er will, dürfen die Menschen im Osten ihr Land nicht verlassen. Für seine Leistungen erhält Michail Gorbatschow 1990 den Friedensnobelpreis.
Die Deutschen sind »Gorbi« unendlich dankbar und große Fans von ihm und seiner Frau Raissa, beide sind häufig in Deutschland. Seit Raissas Tod ist es still geworden um ihn.

2. MÄRZ 1931 IN PRIWOLNOJE, RUSSLAND

перестроечный
перестроечный гласность
гласность перестроечный
перестроечный гласность
гласность
перестроечный
гласность
перестроечный
гласность
перестроечный
гласность
перестроечный
гласность
перестроечный

PRINZ HARRY

VOM FRECHEN DRAUFGÄNGER ZUM TRAUMPRINZEN

Wer hätte das gedacht. So eine Wandlung wie Prinz Harry bekommen nicht viele Menschen hin. Der Tiefpunkt in seinem Leben ist sehr wahrscheinlich das berühmte Foto – aufgenommen nach einer Strip-Poker-Nacht in Las Vegas – auf dem Harry splitterfasernackt zu sehen ist. »Mit den Händen vor seinen Kronjuwelen«, wie die britische Presse schreibt. Das wäre für jeden Mann unfassbar peinlich. Und Harrys Oma ist zufällig die Königin von England …

Aber Harry kriegt die Kurve. Er kämpft mit den britischen Truppen in Afghanistan, setzt sich für kriegsversehrte Soldaten ein, stylt sich wie ein Gentleman, heiratet die Amerikanerin Meghan Markle und ist plötzlich der beliebteste »Royal« von allen. Drei Milliarden Menschen sehen, wie die beiden sich im Mai 2018 das Jawort geben. Eine App hat ausgerechnet, dass die Zuschauer weltweit Hunderttausende Kilometer Zellstoff zum Trocknen ihrer Rührungstränen verbrauchen.
Harry wächst als zweiter Sohn des britischen Prinzen Charles und seiner Frau Diana auf britischen Landgütern und Schlössern auf, behütet von Hausangestellten und Leibwächtern. Seine Mutter ist eine sehr schöne und sehr unglückliche Frau, die sich von Charles trennt, als Harry gerade acht Jahre alt ist. Und was noch viel schlimmer ist: Harry und sein großer Bruder William verlieren ihre geliebte Mama vier Jahre später, als diese bei einem Autounfall ums Leben kommt. Gegen Harrys Traurigkeit ist auch so eine mächtige Familie wie die Windsors machtlos. Mit der Pubertät beginnt er gegen alle strengen Familienregeln zu rebellieren. Und weil ihm Fotografen auf Schritt und Tritt folgen, wird alles öffentlich: Partys, Mädchen, Alkohol, alberne Sprüche und Verkleidungen. Aber gerade weil er so unperfekt ist, lieben ihn die Menschen.
Harry zeigt, dass er die Zuneigung verdient hat. Ausgerechnet ihm verdankt die britische Monarchie, dass sie wieder von mehr Menschen gemocht wird. Harrys Botschaft lautet: Veränderung ist möglich! Sein unbekümmerter Umgang mit »normalen« Menschen und sein strahlendes Lachen machen ihn so sympathisch. Als sich Meghan in ihn verliebt, hat er schon einige Beziehungen hinter sich. Aber Meghan wird in kurzer Zeit genauso beliebt wie er selbst. Die schöne Schauspielerin und der coole Prinz sind für viele ein Traumpaar …

15. SEPTEMBER 1984 IN LONDON, GROSSBRITANNIEN

Auch als **E-Book** erhältlich

112 Seiten
14,99 € (D) | 15,50 € (A)
ISBN 978-3-86882-971-6

Wild, frei und wunderbar

50 Frauen, die die Welt verändert haben

Women Empowerment – Frauen, die andere Frauen inspirieren und stärken – liegt voll im Trend. Ob Hanna Arendt, Luise von Preußen oder Sophie Scholl – jede dieser besonderen Frauen hatte die Kraft, sich gegen alle Widrigkeiten durchzusetzen und sich ihren Platz in der Geschichte zu erkämpfen. Durch liebevolle Illustrationen und eingängige Texte bekommt jede der Frauen in Wild, frei und wunderbar die Aufmerksamkeit, die sie verdient. Diese 50 spannenden Porträts, mit besonderem Augenmerk auf Frauen aus der deutschen Geschichte, bieten wunderbare Beispiele historischer Persönlichkeiten, an denen sich unabhängige Mädchen orientieren können, um ihren Träumen zu folgen.

mvgverlag